Bues/Schwarz • Kaufberatung Caravan

Kaufberatung

Claus-Detlev Bues
Hans F. Schwarz

Caravan

Die wichtigsten Modelle für Gebrauchtkäufer

Motor
buch
Verlag

Einbandgestaltung: Dos Luis Santos
Titelbilder: Archiv Bues/Schwarz
Bildnachweis: alle Bilder Archiv MOBIL TOTAL

Wir bedanken uns bei:
Firma Fendt für die Grundrissgrafiken
Deutscher Camping Club, Victoria Groß, für die Unterstützung
Die Gebrauchtwagenpreise wurden mit der Eurotax Schwacke Liste zusammengestellt

ISBN 978-3-613-02721-3
1. Auflage 2007

Postfach 103742, 70032 Stuttgart.
Ein Unternehmen der Paul Pietsch-Verlage GmbH & Co.

Sie finden uns im Internet unter:
www.motorbuch-verlag.de

Lektor: Joachim Kuch
Innengestaltung: Anita Ament
Druck und Bindung: TC-Druck, 72072 Tübingen
Printed in Germany

Inhalt

Inhalt

Wolfgang Liebscher

Liebe Leserin, lieber Leser,

Fahrzeugkauf ist Vertrauenssache. Dieser Satz gilt insbesondere, wenn es um den Kauf eines Caravans geht.
Die zahlreichen Grundrisse, die verschiedenen Chassis und die umfangreiche technische Ausstattung an Bord der Fahrzeuge sorgen heute dafür, dass in Sachen Komfort und Sicherheit keine Wünsche offen bleiben. Allerdings, wer einen Caravan erwirbt, sollte sich vorher über seine Bedürfnisse und die Anforderungen, die an das mobile Zuhause gestellt werden, im Klaren sein. Um es an einem Beispiel zu verdeutlichen: Wer im Winter mit dem Caravan zum Skifahren will, muss u.a. darauf achten, dass Isolierung und Heizung dafür ausgelegt sind, damit die Freude am mobilen Urlaub nicht durch kalte Füße oder eingefrorene Wasserleitungen getrübt wird. Genügend Stauraum für die Skiausrüstung oder im Sommer für die Tauch- und Surfausrüstung sowie die Fahrräder, sollte ebenfalls vorhanden sein.
Damit verbunden stellt sich dann auch gleich die Frage nach dem für den Verwendungszweck geeigneten zulässigen Gesamtgewicht des Fahrzeugs.
Bereits die beispielhafte Darstellung der zahlreichen Aspekte, die es beim Kauf eines Caravans zu berücksichtigen gilt, zeigt, dass ein Leitfaden wie Sie ihn mit diesem Buch in Händen halten, wertvolle Hinweise für den Caravankauf geben kann.
Fachkundige Beratung finden insbesondere Einsteiger in die mobile Freizeit darüber hinaus im Caravaning-Fachhandel. Kompetente und erfahrene Mitarbeiter ermitteln im Gespräch mit dem Kunden das Anforderungsprofil an das Fahrzeug, das den Bedürfnissen des Kunden entspricht. Auf Grund des breiten Angebots an gebrauchten Caravans mit unterschiedlichsten Ausstattungsmerkmalen, das der Fachhandel stets bereit hält, können unterschiedliche Grundrisse unmittelbar verglichen und verschiedene Fahrzeuge Probe gefahren werden.
Entspricht ein gebrauchtes Fahrzeug in einem oder mehreren Details nicht ganz den Vorstellungen des Kunden, ist der Fachhandel mit seinem umfangreichen Zubehörangebot und seinen geschulten Servicemitarbeitern in der Lage, Nachrüstungen und Umbauten vorzunehmen.
Ein weiterer wichtiger Aspekt beim Gebrauchtkauf ist der Zustand des konkret in Frage kommenden Fahrzeugs. Unentdeckte Mängel am und im Caravan, unerkannte technische Defekte sowie Undichtigkeiten am Aufbau trüben schnell die Freude an der mobilen Freizeit. Um dem vorzubeugen, prüft der Fachhandel seinen Gebrauchtwagenbestand auf Beschädigungen, Defekte und Undichtigkeiten. Festgestellte Schäden werden beseitigt. Und sollte ein Fahrzeug bei der Auslieferung wider Erwarten eine Funktionsstörung aufweisen, greift – im Gegensatz zum Privatkauf – die mindestens einjährige gesetzliche Gewährleistung. Darüber hinaus stattet der Fachhandel seine gebrauchten Fahrzeuge teilweise zusätzlich mit einer Gebrauchtwagengarantie aus.
Und nicht zu Letzt steht der Fachhandel im Schadensfall mit seinen Werkstätten als zuverlässiger Partner für Reparaturen und Instandsetzungen zur Verfügung.
Um es auf den Punkt zu bringen: Der Käufer eines gebrauchten Caravans braucht zwei Dinge. Zuverlässige Informationen und einen verlässlichen Partner. Ersteres bietet dieses Buch – Letzteres der Caravaning-Fachhandel vor Ort.

In diesem Sinne wünsche ich Ihnen viel Vergnügen bei der Lektüre.

Wolfgang Liebscher
Präsident des Deutschen Caravaning Handels-Verbandes e.V. (DCHV)

Von der Laube auf Rädern zum High Tech Caravan

Die Geschichte des Caravans - Wie alles begann

Die Historie des mobilen Reisens reicht bis weit vor Beginn unserer Zeitrechnung, denn schon im alten Ägypten oder im chinesischen Kaiserreich reisten besser gestellte Persönlichkeiten in mit Lagerstatt und Sonnenzelt ausgestatteten Wagen.

Die Urform des Caravan-Gespanns mit zwei Pferdestärken: Hölzerner Reise-Wohnwagen mit Luxusausstattung aus dem 19. Jahrhundert.

Danach waren es Schausteller und Artisten, die mit ihren »Wohnwagen« als Entwicklungshelfer des modernen Caravans fungierten.

Die ersten Pioniere

Arist Dethleffs, Inhaber einer Peitschenfabrik in Isny, baute sich um 1931 einen Wohnwagen (Wohnauto genannt), um während seiner Geschäftsreisen nicht auf die Begleitung seiner Familie verzichten zu müssen. Ein Jahr später wurden bereits die ersten Hubdach-Wohnwagen Dethleffs Tourist auf Bestellung gebaut.

Arist Dethleffs baut 1931 den ersten Wohnwagen, der in den folgenden Jahren nur auf Bestellung produziert wurde.

Caravan Pionier Hans Seitz baute in seine Schweikert Wohnwagen – hier die Typen »Kleiner Strolch« und »Immer daheim« im Jahr 1937 auf dem Stilfser Joch - als erster einen selbst entworfenen Absorber-Kühlschrank und eine Ofenheizung ein.

Dethleffs Hubdachwohnwagen »Tourist« Anfang der Fünfziger.

Zu den weiteren Pionieren gehört der Hamburger Schriftsteller Heinrich Hauser, der von Frühjahr bis Sommer 1934 mit seinem selbstgebauten, zwei-achsigen Wohnwagen Arche Familienurlaub betrieb.1935 präsentierte der Sportartikelhändler und Faltbootbauer Hans Berger den Zeltklappanhänger Haus-dabei, den ersten Wohnwagen aus einer Serienfertigung. Somit war die erste Wohnwagenfabrik in Deutschland geboren, die ab 1937 auch größere Modelle (Karawane, Kajüte, R 3) auf die Räder stellte. Auch Hans Seitz aus dem württembergischen Ebingen gehört zu den Pionieren. Bereits 1938 wurden für die Modelle »Immer dabei« und »Kleiner Strolch« die Typprüfungen aus Berlin genehmigt. Der Markenname Schweikert beruht auf den Mädchennamen seiner Frau, die ihm immer mit Rat und Tat zur Seite stand.

Der Neubeginn nach dem Krieg

Am Ende des Zweiten Weltkriegs standen auch die Wohnwagenbauer vor dem Nichts. Doch zerstörte

Der Westfalia-Wohnwagen des Typs Camping 310-4 von 1954 wurde auch »Wellblechhütte« genannt. (Quelle COC e.V.)

Werkshallen und verbrannte Konstruktionspläne setzten die Caravanentwicklung nur zeitweise außer Betrieb. Als Anfang der 50er die Massenproduktion von Kleinwagen und dem VW Käfer einsetzte, konnte der Traum vom eigenen Wohnwagengespann wieder in Erfüllung gehen. Auch hier waren die Branchen-Pioniere Berger, Dethleffs und Schweikert die Vorreiter im deutschen Wohnwagenbau.

Immer mehr Konstrukteure entdeckten im Wohnwagenbau ihre Zukunft. Auch der Karosseriebaumeister Alfred Tabbert nahm 1955/56 die serienmäßige Wohnwagenfertigung auf. Der »Ideal« hatte in der einwandigen Ausführung ein Gewicht von nur 240 Kilogramm, also ein Wohnanhänger für Zugwagen der »Schnapsklasse«. Ende der 50er folgten die größeren Modellreihen »Regent« und »Prinzregent«.
1956 gab Erich Bachem der Firma Hymer in Bad Waldsee den Auftrag über Konstruktion und Bau eines Eriba-Wohnwagens. 1957 entstehen die Prototypen »Troll«, »Puck« und »Faun«, die ein Jahr später in Serie produziert wurden.

Alfred Tabbert baute 1953 den spartanisch einfachen »Ideal« in Einzelanfertigung.

Alfred Tabbert, auch »Don Alfredo« genannt, war einer der Großen seiner Zunft.

Arist Dethleffs war bereits 1956 mit seinem Wohnwagen »Globetrotter« in Ägypten unterwegs.

Branchenprimus Erwin Hymer hier im Gespräch mit dem damaligen Eriba-Chef Armand F. Protzen.

Zweistellige Zuwachsraten in den Sechzigern

Der 1. Caravansalon eröffnete 1962 seine Pforten in Essen. Zwar waren die Wagen deutscher Hersteller in der Überzahl, dennoch spielten ausländische Marken eine wesentliche Rolle. Immerhin konnte der Sprite-Importeur, seinen »Volkscaravan« (3,05 m Länge) aus englischer Fertigung über 1.000 Mal in Deutschland verkaufen. Etwa soviel, wie die damals marktführenden Hersteller Kiel, Westfalia, Tabbert und Wilk zusammen verkauften. Doch mit der immer perfekteren Serienproduktion konnten die einheimischen Caravanbauer mächtig aufholen und selbst am Exportmarkt partizipieren. Im Inland wuchs der Bestand schnell von knapp 14.000 Caravans im Jahre 1960 auf gut 48.000 im Jahre 1965.

Der Suleica F 430 der Teutoburger Fahrzeug- und Gerätebau GmbH (TFG) aus Detmold. Er wurde als erster Caravan komplett aus glasfaser-verstärktem Kunststoff (GfK) in Schalenbauweise gefertigt und galt als eine konstruktive Sensation. Hier am Haken des TFG Orion Reisemobils. (Quelle COC e.V.)

Auch die Jacob Bürstner KG nahm 1962 die Serienfertigung des 2,70 Meter kurzen und damit kafertauglichen »Delphin« auf. Der Verkauf erfolgte ab Werk und über einen einzigen Händler in ganz Deutschland.

Aus ganz kleinen Anfängen entstand Anfang der Siebziger das Hobby-Wohnwagenwerk in Fockbek. 1972 lief der 5000ste Hobby-Caravan vom Band.

Flower Power in den Siebzigern mit bunt bemalten Caravans.

Als erstes Versandhaus bietet Quelle 1972 mit dem »Kurier« einen Wohnwagen im Katalog an.

Ölkrise und Sonntagsfahrverbot sorgten für eine wirtschaftliche Verunsicherung, unter der auch die Wohnwagenbranche zu kämpfen hatte. Nach den erfolgreichen Jahren 1970 bis 1973 verringerte sich die deutsche Produktion 1974 um knapp 27 Prozent. Opfer dieser Entwicklung war zum Beispiel der bis auf die vierte Position aufgerückte Newcomer Lely-Dechentreiter, der durch die Fendt Schlepper-Gruppe übernommen wurde. Aber auch der schillernde Branchenprimus Hennerici musste seine Eifelland-Werke verkaufen. Zwar wurden von ihm noch Wohnwagen unter dem Namen »Rheinland« und später Mobilheime gebaut, doch blieb diesmal der Erfolg aus. 1970 übernahmen die Wohnwagenfabrikanten Wolfgang Thrun und Jakob

1973 offerierte auch das Versandhaus Neckermann mit dem Bonanza eine Caravan-Serie.

Rollendes Ferienhaus von Fendt direkt am Strand um 1973.

Eicker (Unternehmensgruppe te, Mülheim) das Dethleffs-Werk in Isny. 1973 offerierte das Versandhaus Neckermann einen »Bonanza«-Caravan vom Typ 530, der zugleich günstig finanziert werden konnte. Ein Jahr früher konnte man bereits beim Konkurrenten Quelle einen Caravan erwerben.
Auf einer Erfolgswelle schwimmen die »Hobby«-Caravans, Nach Herstellung des 5 000sten Wohnwagens im Jahre 1972 konnte man bereits vier Jahre später den 25 000sten feiern. Zum 10jährigen Firmenjubiläum 1977 wurde eine zweite Fertigungsstraße eingeweiht, Anfang der 80er Jahre wurde Hobby zu ersten Mal Marktführer in Deutschland und ist heute Weltmarktführer in Sachen Caravan.

Überleben in der Gruppe und Aufschwung Ost

Was in den Achtzigern schon begann, setzte sich in den Neunzigern verstärkt fort: Überlebenschancen durch Gruppenbildung, um den immer robuster werdenden Marktanforderungen zu trotzen. So entstehen zum Ende des zweiten Jahrtausends drei Firmengruppen mit folgenden Caravan-Marken: 1.Hymer mit Bürstner, Dethleffs, Eriba-Hymer, LMC und T.E.C. 2. Knaus-Tabbert Group mit Eifelland, Knaus, T@B, Tabbert und Wilk. 3. Hobby mit Fendt.
Die Caravan-Neuzulassungen bekamen durch die Wiedervereinigung noch mal einen Aufschwung, jedoch sinkt die Zahl seit 1995 stetig auf nunmehr knapp 23 000 Einheiten im Jahr 2002. Die Exportquote – der Anteil aller exportierten Caravans an der Gesamtproduktion in Deutschland – spiegelt allerdings die Bedeutung des Exports für die deutschen Hersteller wider. Im Jahr 2002 steigt die Exportquote auf etwa 64 Prozent und erreichte damit den höchsten Wert seit 1986. Das zeugt aber auch von hohem Qualitätsniveau, attraktiver Modellpolitik und ausgewogenen Preis-Leistungsverhältnis

Erster Design-Caravan, der nach Versuchen Im Windkanal entstand: Der Tabbert »Wind« aus dem Jahr 1981.

Mit dem »Sport & Fun« schuf Knaus einen multifunktionellen Wohnwagen, der auch zu Transportzwecken eingesetzt werden konnte.

deutscher Produkte.

Dethleffs präsentiert 2000 seine Caravan-Studie »Aero-Tourist«, die auch in der TV-Reihe Vox-Tours für Aufsehen sorgte. Ab 2001 beginnt die Serienfertigung des extravaganten Caravans. Während der gesamte Caravaningmarkt seit 2001 in Europa wieder boomt, haben Caravan-Hersteller in Deutschland seit 1995 mit jährlich sinkenden Absatzzahlen zu kämpfen. Der Caravan-Urlaub in der klassischen Form scheint der Konkurrenz von Billig-Pauschalurlaub und dem Reisemobil-Tourismus Tribut zollen zu müssen, wenngleich ab dem Jahr 2002 eine gewisse Stabilisierung auf dem Niveau von 23.000 Einheiten (1995 – knapp 30.000 Stück) feststellbar ist. Die Branche reagiert mit automotiv gestylten, kleinen und praktischen Modellen auf die Flaute und bemüht sich gerade um den »Caravan-Nachwuchs«. Reisen wird durch hohe Kraftstoffpreise immer teurer, die Zulassungszahlen von Caravans in

Extravagantes Design kennzeichnet den »Aero-Tourist« von Dethleffs.

Deutschland sinken ständig, nur der Export hält die hohen Produktionszahlen bis jetzt aufrecht. Im Jahr 2005 wurden in Deutschland insgesamt 21.665 Caravans neu zugelassen. Die deutschen beziehungsweise europäischen Hersteller von Freizeitfahrzeugen liefern jedes Jahr über 100.000 Wohnwagen und 50.000 Reisemobile an Kunden in über 50 Ländern aus. Insgesamt beläuft sich der Bestand (Fahrzeuge, die in Nutzung sind) in Europa auf rund 4,3 Millionen Wohnwagen und über 900.000 Reisemobile. 2006 wird das Jahr der Mini-Caravans: Viele Hersteller zeigen auf der Leitmesse Caravan Salon pfiffige, multifunktionale Klein-Caravans, die aufgrund ihres geringen Leergewichtes auch von Kleinwagen gezogen werden können.

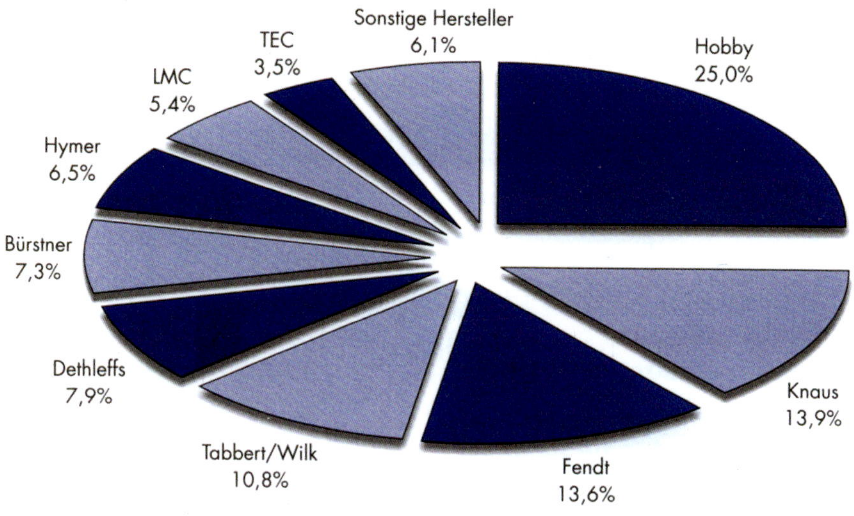

Quelle:CIVD-Auswertung des Kraftfahrt-Bundesamtes, Flensburg

Caravan-Neuzulassungen nach Marken 2005.

Caravan-Neuzulassungen seit 1975 / Caravan registrations since 1975					
Jahr *)	Einheiten	% Veränderungen gegenüber dem Vorjahr		Index 1964 = 100%	
		Caravan	PKW	Caravan	PKW
1975	38.027	− 2,3	+25,8	385,7	160,1
1980	37.171	− 8,2	− 8,1	377,1	180,7
1985	26.174	− 8,1	− 1,3	265,5	172,8
1990	29.011	− 2,5	+ 8,0	294,3	211,8
1995	29.135	− 4,2	+ 1,0	295,5	191,9
2000	26.189	+ 2,1	−11,1	265,7	211,2
2001	24.570	− 6,2	− 1,1	249,2	208,9
2002	22.656	− 7,8	− 2,6	229,8	203,4
2003	22.595	− 0,3	− 0,5	229,2	202,4
2004	21.562	− 4,6	+ 0,9	218,7	204,2
2005	21.665	+ 0,5	+ 1,7	219,8	207,7
1. Hj. 2005	14.185	− 1,8	+ 2,5		
1. Hj. 2006	13.859	− 2,3	+ 1,4		

*) ab 1991: Zahlen für Gesamtdeutschland

Quelle: CIVD-Auswertung der Zahlen des Kraftfahrt-Bundesamtes, Flensburg

Caravan-Neuzulassungen in Deutschland seit 1975.

Welcher Caravan für welchen Camper – eine Typologie

Das Angebot ist vielfältig wie nie – Kleincaravans erleben neue Blüte

Die Auswahl an Caravans ist riesig und reicht vom leichten Zeltanhänger über witzige Kleincaravans und kompakte Reisecaravans bis hin zu luxuriösen Standcaravans.

Faltbares Urlaubsglück

Die einfachste und zugleich billigste Art einer mobilen Ferienwohnung stellen die Zeltanhänger, im Volksmund auch »Falter« genannt, dar. Hier dient ein einfacher Kastenanhänger, mit Klappdeckel oder einfacher Abdeckplane, als Grundlage, der einfach aufgeklappt und entfaltet, zum Wohnanhänger wird. Die bekanntesten Marken dieser oft von jungen Familien genutzten Hänger sind Trigano, neuerdings als Silver auf dem deutschen Markt, Raclet, Jamet, Alpenkreuzer und Camp-let. Nach Schätzungen liegt ihr Marktanteil seit Jahren konstant bei etwa zwei Prozent (ca. 500 Einheiten) am deutschen Gesamtmarkt. Die Preisskala reicht von etwa 3.000,- bis 7.000,- Euro.

Klappcaravans gibt es nur noch gebraucht

Eine andere Variante sind die Klappcaravans, auch Klapper genannt. Sie werden seit dem Jahr 2000

Preisgünstigster Einstieg in die Welt der Wohnanhänger sind die Faltcaravans.

Klapp-Caravans wie der Esterel »Top Volume« werden nicht mehr neu gebaut, sind aber gesuchte Gebrauchtfahrzeuge.

nicht mehr produziert, sind aber als Gebrauchtfahrzeuge auf dem Markt sehr begehrt. Im Gegensatz zum Zeltaufbau verfügen die Klapper über feste Teile für Seiten und Dach, die einfach aufgeklappt werden. Dazu wird zuerst die Bug- und Heckwand aufgestellt, die das Dach halten und zum Schluss die Seitenwände hochgeklappt und verriegelt. Wegen der geringen Bauhöhe im zusammengeklappten Zustand sind sie spritsparend und können zudem noch für den Transport von Sportgeräten genutzt werden.

Hubdachcaravans sind oft garagentauglich

Hubdachcaravans gelten als ideale Reisecaravans. Grund dafür sind ihre günstigen Außenmaße (1,65 bis 2,00 Meter Breite, 1,95 bis 2,20 Meter Höhe)und das leichte Gesamtgewicht (ab 650 kg). Steht der Hubdachcaravan, wird einfach die Dachschale nach oben gestellt, wobei sich Stehhöhen um 185 Zentimeter ergeben. Traditionell bietet Hymer mit seinen in Frankreich gefertigten Eriba-Touring-Modellen die größte Modellvielfalt an. Hinzu kommen die Marken Rubis von der französischen Trigano-Gruppe und Kip von der holländischen Tirus-Gruppe. Der Marktanteil der Hubdachcaravans beträgt in Deutschland etwa fünf Prozent am Gesamtmarkt. Preislich rangieren sie zwischen 9.000,- und 17.000,- Euro.

Branchenprimus Hymer hat die Kleincaravans der Touring-Serie mit Hubdach zu Kultfahrzeugen perfektioniert.

Die französische Firma Rapido und Kip aus den Niederlanden bieten noch Caravans mit Hubdach an

Starre Caravans dominieren den Markt

Die »normalen« oder auch »starren« Caravans bilden mit einem Marktanteil von knapp 90 Prozent das Gros des Angebotes auf dem Markt. Das Modellangebot ist vielfältig wie nie und reicht vom kleinen Minicaravan, dem kurzen Reisecaravan über die Familiencaravans bis hin zu den großen Standcaravans. Je nach Zugfahrzeug findet man in den unterschiedlichen Gewichtsklassen den richtigen Caravan. Interessant ist die Entwicklung der Gewichtsklassen in den letzten Jahren: Trotz stetig steigender Autokosten ging der Trend bisher klar zum schwereren Caravan, nicht nur ein Indiz für größere, sondern vor allen Dingen auch komplett ausgerüstete Modelle. Allerdings zeigten 2006 viele Hersteller eine neue Klasse von kleinen Einsteiger-Caravans, die nicht nur den preiswerten Einstieg in das Caravaning bieten, sondern auch mit einem geringen Eigengewicht den sprunghaft gestiegenen Kraftstoffkosten und den neuen, EU-weiten Führerscheinvorschriften Rechnung trägt. In den letzten drei Jahren rangierte die Gewichtsklasse von 1.401 bis 1.600 Kilogramm mit einem Marktanteil von 35,4 % klar an der Spitze, gefolgt von der Klasse 1.201 bis 1.400 kg (29,2 %), der Klasse über 1.600 kg (18,3 %) und der Gruppe 1.001 bis 1.200 Kilogramm (11,4 %). Die Preise im Marktsegment der Einsteigercaravans beginnen jetzt etwa ab 5.000,- bis 6.000,- Euro, die Mittelklasse bei etwa 12.000,- Euro und die Oberklasse ab etwa 16.000,- Euro.

Caravan-Neuzulassungen
Entwicklung der Gewichtsklassen über drei Jahre
Caravan registrations
development of different weight categories 2003 - 2005

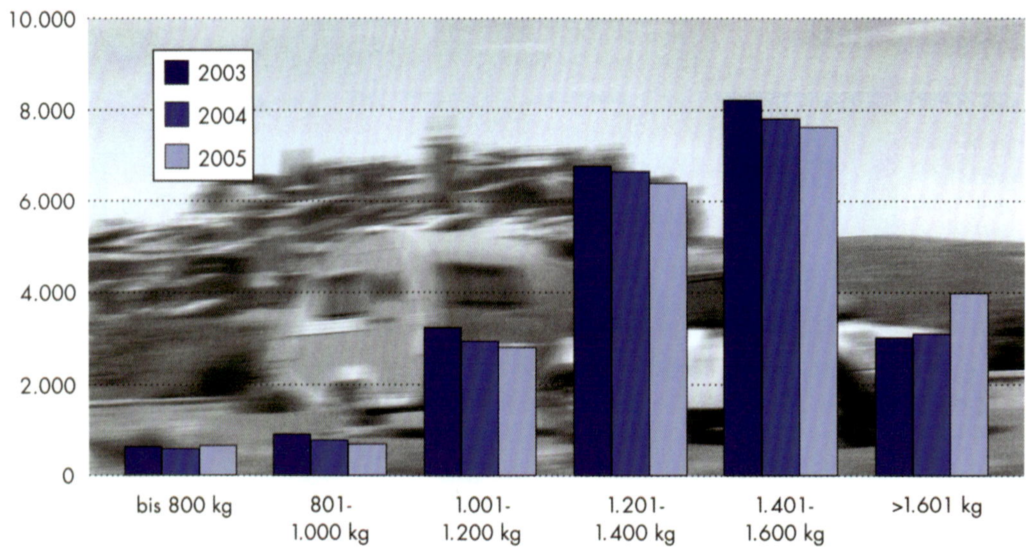

Quelle: CIVD-Auswertung des Kraftfahrt-Bundesamtes, Flensburg

So entwickelten sich die Fahrzeugklassen nach Gewicht auf dem deutschen Markt.

Adria Activa: der slowenische Mini mit Pfiff.

Paul & Paula: Preisknüller aus Sachsen.

TEC Travelbird: Kleiner im Design der Großen.

Bürstner Duo: Extravaganter.

Dethleffs Campy: Neue Designidee aus dem Allgäu.

Niewiadow: Preiswerter »Mini« in Voll-Gfk.

Der Urvater der »Retro-Minis«: Der T@b von Tabbert.

Kleiner Reise-Caravan: Eifelland Holiday 395.

Typischer Einsteiger-Caravan bei den leichten Reise-Caravans: Knaus Sport 450.

Typischer Mittelklasse-Caravan: Bürstner Amara.

Dethleffs Beduin.

Hobby Excellent.

Hymer Nova.

Die Oberklasse: Tabbert Puccini 540.

Typische Tandemachser der Luxusklasse: Fendt Diamant VIP und LMC Lord Ambassador.

Bei den Standcaravans ein Klassiker: Das Hobby Landhaus.

Kabe Royal: Urlaub im rollenden Appartment aus Schweden.

Handarbeit am Fließband

Die Herstellung von Freizeitfahrzeugen unterscheidet sich deutlich vom Automobilbau. Das fängt bei den Produktionszahlen und der Fertigungstiefe an, geht über die Typenvielfalt und endet an einem Fließband, an dem man vergeblich funkensprühende Roboter sucht.

Caravanbau ist trotz notwendiger Rationalisierung und aktueller Produktionsmethoden mit modernsten Produktionsstrassen zum größten Teil immer noch Handarbeit - Handarbeit am Fließband. Grund sind die »systembedingten« Eigenarten dieser Fahrzeuggattung und die mittlerweile hohen Anforde-

Das Caravan-Werk des Weltmarktführers Hobby in Fockbek gilt als eine der modernsten Produktionsstätten Europas.

Gründer und Geschäftsführer Harald Striewski 2006 bei der Verleihung des goldenen Lenkrades.

rungen der Kunden an Modellvielfalt, Komfort und Qualität. Caravans sind kleine Häuser auf Rädern mit Wohnraum, Schlafzimmer, Küche und Bad. Die Ein- und Aufbauten dafür erfordern eine aufwändige Vormontage und Fertigung sowie eine komplette »Haus-Technik im Kleinen« mit Elektro-, Gas-, Heizungs- und Wasserinstallationen. Die vielfältigen Wünsche der Kunden schlagen sich in jeder Menge Baureihen mit oft 20 - 30 verschiedenen Grundrissvarianten, diversen Aufbaulängen, vielen Möbel-, Dekor-, Polster- und Ausstattungsversionen und einer langen Zubehörliste nieder. Wir haben den Bau eines typischen Volumenmodells - ein Komfort-Caravan mittlerer Größe beim Traditionsunternehmen Hobby-Caravan in Fockbek auf einer der modernsten Produktionsstrassen der Branche begleitet.

Neue Materialen bestimmen die Fertigungstechnik

Caravans sehen sich auf den ersten Blick sehr ähnlich. Bei einem Blick unter die Haut werden jedoch bei Aufbautechnik und Materialien große Unterschiede deutlich. So gehen Hersteller bei Boden-, Wand- und Dachaufbau und deren Verbindung miteinander oft unterschiedliche Wege. Die Palette reicht da vom klassischen - und nach wie vor weit verbreiteten - Holzgerippeaufbau mit Styropor-Isolierung und Aluminium- oder GfK-Haut bis hin zu hochfesten und leichten Sandwichlösungen aus modernsten Kunststoffen ohne Stützgerippe. Die aus den ersten Tagen des Caravanbau stammende Gerippebauweise ist heute - weil sehr preiswert - immer noch Stand der Technik: Ein verklebtes oder getackertes Holzgerippe als tragende Konstruktion wird wie ein Fachwerk mit Isolationsmaterial - meist Styropor oder PU-Hartschaumteile - ausgefacht. Danach erhält es eine Außenhaut aus Aluminiumblech und eine Innenverkleidung aus Sperrholz aufgeklebt. In einer Presse wird das gesamte Teil dann mit 1 t Druck pro Quadratmeter zusammengepresst, es entsteht ein Dreifach-»Sandwich«. Wichtiger Aspekt aller Konstruktionen: Material und Aufbauart bestimmen in großem Maße das Leergewicht und die daraus resultierende Zuladung, die Isoliereigenschaften, Dichtheit und Dauerfestigkeit des Aufbaus. Zwei Trends sind zu beobachten: Mit der Konstruktion eines Caravans soll schon die Möglichkeit der späteren umweltgerechten Entsorgung der Wohnaufbauten bedacht werden. Weiterhin spielt die Frage des Leichtbaus eine immer wichtigere Rolle an den CAD-Anlagen der Konstrukteure.

Das Isoliermaterial wird zugeschnitten.

Die Isolierung aus Styropor wird auf das Außenblech aufgelegt.

Das Stützmaterial wird als Holgerippe eingelegt.

Das Sandwich wird verklebt und später gepresst.

Eine CNC-gesteuerte Fräse bereitet millimetergenau die Ausschnitte für Fenster und Türen vor.

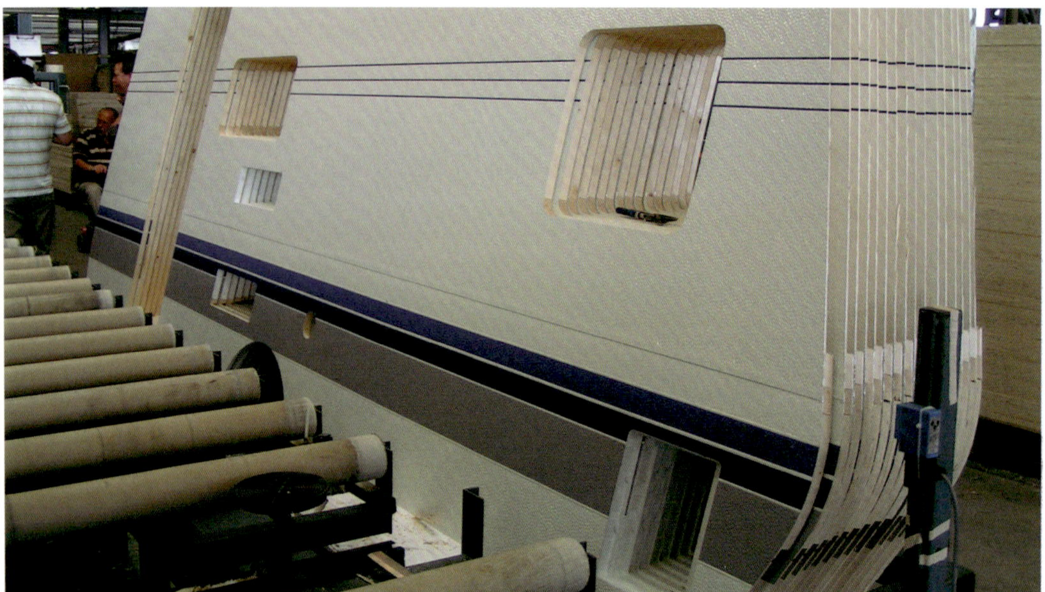

Die Sandwich-Teile werden produktionsbezogen vorgefertigt und stehen »just in time« am Band.

Basisarbeit

Basis des Caravan ist das Fahrgestell. Je nach Typ und Gewichtsklasse kommt entweder ein Einachs- oder bei großen Luxuscaravans ein Tandemfahrgestell zum Einsatz. Den lukrativen Markt der Fahrgestelle teilen sich in Deutschland vier Firmen: Marktführer Al-Ko, Knott, BPW und Wap.

Marktführer Hobby fertigt als Einziger momentan große Teile des Fahrwerks selbst.

Das Fahrgestell wird für den Aufbau vorbereitet.

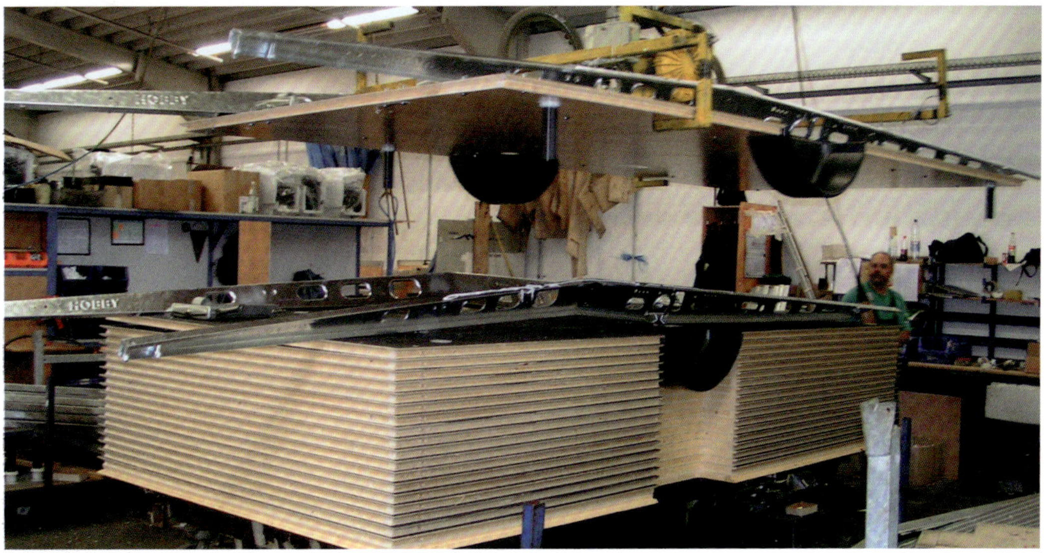

Das fertiggestellte Fahrgestell wird gründlich gereinigt, konserviert und – je nach Typ – zusammenmontiert und für den Aufbau vorbereitet. Auf den Rahmen des Chassis wird nun eine gut isolierte, 30 - 40 mm starke Bodenplatte aus Sperrholz mit Bolzen verschraubt, die schließlich den gesamten Kabinenaufbau tragen muss.

Die Bodenplatte ist befestigt und die ersten Versorgungsleitungen für Wasser, Elektrik und die Heißwassertherme werden angebracht.

Auf den Boden werden nun erste Installationen für Gas- Wasser und Elektrik verlegt und der Grundaufbau der vorgefertigten Möbelteile montiert. Seitenwände, Bug und Heck sind mit allen Ausschnitten für Fenster, Türe, Klappen und Außenöffnungen versehene, verpresste Sandwichplatten. Wird in klassischer Gerippebauweise gearbeitet, muss der Konstrukteur je nach Modelltyp die Anordnung von Fenster, Türen und Klappen sowie Befestigungspunkte von Möbel, Türen, Fenster oder Zubehörteilen so legen, dass sie auf tragende Rahmenhölzer treffen.

Die Schreinerei produziert vorab den Möbel-Grundausbau der am Band befindlichen Serie.

Die Möbelkomponenten werden auf der Bodenplatte montiert.

Jetzt beginnt der Möbelbau. Bestimmten Möbeln kommt dabei eine im wahrsten Sinne des Wortes »tragende Rolle« zu, sie dienen als verstärkendes Verbindungselement zwischen Wand und Boden und geben der gesamtem Caravan-Konstruktion die nötige Stabilität.

Die Seitenwände und Möbelgrundelemente werden aufgebaut.

Ein kompletter Oberschrank wartet auf den Einbau.

Die Seitenwände sind montiert, währenddessen können Wasseranlage, Elektrik und die Heizungsanlage installiert werden.

Vorgefertigte Möbelelemente, beispielsweise der komplette Küchenblock, Schrankpartien oder der Sanitärraum werden nun auf der Bodenplatte befestigt, Geräte wie Kühlschrank, Kocher, Heizung oder die Toilette eingebaut und mit den vorverlegten Anschlüssen für Strom, Gas und Wasser verbunden.

Die Formteile der Sanitärzelle und die Warmwasser-Therme werden platziert.

Am noch offenen Fahrzeug haben die Monteure optimal Platz um den Möbelbau zu komplettieren, alle Aggregate zu verkabeln, die Wasseranlage zu verrohren, die gesamte Elektrik zu verlegen und die Gasanlage zu installieren. Bevor »der Kasten« später zugemacht wird, finden gleichsam am offenen Herzen schon die ersten Checks der einzelnen Versorgungsanlagen statt, um etwaige grobe Mängel oder Lecks noch einfach beseitigen zu können. Jedes Fahrzeug wird von der »Kiellegung« bis zur letzten Inspektion vor der Jungfernfahrt mit einer Checkliste begleitet, auf der alle Daten der Montage vermerkt sind.

Eine penibel geführte Checkliste begleitet den Caravan bis zur Endkontrolle.

Nach dem Innenausbau, welcher der gesamten Aufbaukonstruktion konstruktiv wichtige Festigkeit und Stabilität gibt, werden Heck und Frontpartie montiert und die Dachplatte aufgesetzt. Je nach Konstruktionsart werden Heck, Dach und Front mit Alublech von der Rolle bezogen oder ein komplett fertiges Dach aufgesetzt und Heck und Front mit GfK-Formteilen aufgebaut.

Nach Ende der Möbelinstallation wird die Dachpartie aufgesetzt.

Fugen und Kanten werden mehrfach abgedichtet und mit Profilen abgeschlossen.

Die Wohnraumtür wartet auf ihre Montage.

Bei lose verlegten Dächern wird erst die Dachisolation montiert und dann das Blech darüber gezogen, fest verlegte Dächer sind meist vorgefertigte Sandwichteile. Alle Fugen und Kanten werden mehrmals abgedichtet und außen an den Stoßkanten mit Profilen abgeschlossen und versiegelt.

Jetzt nimmt der Caravan auf dem Band so langsam Formen an, der Rohbau ist bedacht, Zeit für ein Richtfest gibt es aber nicht. Fleißige Hände passen im Innenraum Oberschränke, Klappen und die Beleuchtung ein, komplettieren Türen, Raumteiler und die Sanitärzelle, die Elektroinstallation wird fertig verkabelt und getestet. Draußen werden derweil Außen- und Stauklappen, die Serviceöffnung der Cassetten-Toilette sowie weitere Aufbauöffnungen für Heizung, Kühlschrank und den Frischwasserzulauf installiert. Die Frontpartie wird mit dem Bugkasten, die Heckpartie mit Formteilen wie Stoßfänger, Leuchten oder Applikationen vervollständigt.

Bug- und Heckpartie werden aus Formstufen angesetzt.

Die Polster warten auf den Einbau.

Danach werden die Wasseranlage, Heizung und die Gasversorgung fertig gestellt und für den Endtest vorbereitet. Die Wasseranlage wird befüllt, entlüftet und getestet, Bad und Dusche werden verfugt, die Gasanlage wird auf Dichtigkeit abgedrückt und abgenommen, Heizung, Kühlschrank und Kocher bekommen einen ersten Probelauf. Die Löcher schließen sich, der Einbau von Dachluken, Fenster sowie ganz zum Schluss - nach einer ausführlichen Endreinigung - die Wohnraumtür folgen. Nun kommt das Finish für den gemütlichen Teil: Gardinen, Polster, Lattenroste und Matratzen für das Bett und Teppichboden schaffen aus dem Rohbau ein wohnliches Ambiente. Ein Beispiel für die Fertigungstiefe bei Hobby-Caravan ist die Tatsache, dass in Eigenproduktion Polsterteile genäht und auch Teppiche gekettelt werden.

Zum Abschluss erfolgt eine Endreinigung.

Finale Arbeiten: Gardinen komplettieren den Innenausbau.

Das Außendesign erfährt die Endmontage mit Farbapplikationen und Logos sowie eine letzten Verfugung. Die Montage von Sonderzubehör wie z. B. TV-Sat-Anlage schließt die Produktion ab, bevor eine gründliche Endabnahme nach Checkliste für die Qualitätskontrolle- und sicherung stattfindet. Mit einem großen »OK« wartet der Caravan dann auf den Abtransport zum Händler und Endkunden.

Nach einer peinlich genauen Endkontrolle mit dem OK des Meisters verlassen die Hobby-Caravans das Werk in Richtung Urlaub.

mein
Hobby

Grundrissplanung

Die Qual der Wahl: Welcher Grundriss für wen?

Wie im Reisemobil ist auch für den Camper mit Caravan der richtige Grundriss der Schlüssel zum Urlaubserfolg. Passt er nicht zu den Urlaubsgewohnheiten oder für die Größe der Familie, ist schnell der ganze Spaß verdorben und die schönsten Wochen im Jahr werden zum Albtraum. So weit muss es nicht kommen, wir zeigen, wie die richtige Wahltaktik aussieht.

Die halbe Miete ist schon bezahlt, wenn man sich vorher ein Lastenheft anlegt und dann in Ruhe den dazu passenden Grundriss aussucht. Da die Hersteller durchweg fast alle Grundrisse in ihrem Programm haben, ist der erste Schritt unabhängig davon, welchen Caravan und welche Ausstattung man wählt. Dies spielt erst im zweiten Durchgang eine Rolle. Zuerst ist wichtig zu wissen, wie und wo der Caravan überwiegend eingesetzt werden soll.

Einsatz

In einem kleinen Rollenspiel wollen wir Ihnen die unterschiedlichen Ansprüche an den idealen Grundriss darstellen:
Da Familie Mayer mit zwei Kleinkindern anders Urlaub macht als das reiselustige Rentnerehepaar Müller, kommt es hauptsächlich auf die geplante Nutzung an. Ein Wagen, der Familie Mayer Urlaubsfreuden vermitteln soll, muss in erster Linie ausreichend Schlafplätze für alle bieten. Vermutlich wird der Urlaub mit den zwei Kleinkindern ein Standurlaub, in dem man sich hauptsächlich draußen aufhält, also Essen und Leben tagsüber gemeinsam im Vorzelt und / oder am Strand, Abends die Kinder im Bett und die Eltern bei einem Glas Rotwein lesend im Vorzelt. Kaum wird man sich tagsüber im Wagen aufhalten, gerade mal eben zum Kochen. Körperpflege wird im Sanitärgebäude des Campingplatzes betrieben, wahrscheinlich mietet sich Familie Mayer auf dem Komfort-Campingplatz einen eigenen Familien-Sanitärraum für die Dauer des Aufenthalts und ist damit ungebunden vom Wagen.
Im Gegensatz dazu das Rentnerehepaar Müller. Sie wollen einen wendigen Reisewagen, der mit festen Betten, möglichst Einzelbetten mit bequemem Einstieg, und einer gemütlichen Sitzgruppe ausgestattet ist für die Lesestunde Abends. Dazu ein Sanitärraum mit einer Toilette und einem Waschbecken für die Körperpflege zwischendurch und Nachts die Toilette. Ein Vorzelt wird das Ehepaar Müller kaum aufstellen, da sie selten mehr als zwei Tage am gleichen Platz bleiben wird. Eine ausrollbare Markise für Schatten beim Nachmittagskaffee draußen wäre genau richtig.
Die dritte Hauptgruppe ist die Mischung aus beiden, dann wird's komplizierter: Das Rentnerehepaar Müller kauft einen Caravan für sich und beschließt, damit endlich die schon so lange gewünschten Reisen durchführen zu können. Der Familienrat beschließt aber, dass Tochter Mayer mit Familie dann auch damit in Urlaub fahren wollen, Opa und Oma müssen ja nicht gerade in den Schulferien los.

Wenn es jetzt nicht gelingt, Tochter Mayer davon zu überzeugen, dass damit niemand ganz glücklich wird und die Großeltern nicht mit einem Riesentrumm fahren wollen, das auf die Tochter mit Kindern zugeschnitten ist, ist der gemeinsame Wagen gestorben. Es sei denn, Opa schränkt die Länge der Reisen ein und fährt mit dem großen oder die finanziellen Mittel erlauben beiden ihren Idealwagen, wobei der Kreis geschlossen wäre und auch einmal gemeinsamer Urlaub mit den Großeltern geplant werden könnte.

Der nächste Fall ist Familie Huber, die Sommerurlaub im Strandcamping macht und im Winter in den Skiferien natürlich auch im Caravan wohnen will. Jetzt ist es ratsam, einen Grundriss auszusuchen, der auch den Aufenthalt tagsüber für alle im Wagen ermöglicht, im Vorzelt läuft im Winter ja nichts, nur ein kleines Wintervorzelt dient als Schmutz- und Kälteschleuse und nimmt Nachts die Skier auf. Den Sanitärraum braucht man jetzt auch, schließlich müssen ja die nassen Schneeanzüge getrocknet werden. Im Innenraum sollte ausreichend Bewegungsfläche vorhanden sein, dass nicht nach der ersten Stunde Aufenthalt bereits Klaustrophobie aufkommt.

Sie sehen, einfach losgehen und den Wagen kaufen, der die schönsten Polsterbezüge und die schicksten Halogenstrahler hat, ist nicht ratsam. Wir werden Ihnen weitgehend Hilfe anbieten durch Vorstellung der gebräuchlichsten Grundrisse und wertneutraler Aufstellung der Eigenschaften. Dabei ist es beinahe gleichgültig, ob die Anordnung der einzelnen Elemente in der gezeigten Form oder spiegelbildlich erfolgt. Eine Hecksitzgruppe kann in einem anderen Modell auch im Bug eine gute Figur machen und umgekehrt. Was davon für Sie und Ihre Art, Urlaub zu machen, wichtig ist, entscheiden Sie selbst und suchen sich danach im zweiten Schritt Hersteller und Ausstattungslinie aus. Natürlich alles unter der Voraussetzung, dass Ihr Zugwagen stark genug ist für den in Frage kommenden Caravan. Selten wird es dabei ohne Kompromiss abgehen.

Grundriss 1

Der preiswerte Einstieg in die Campingwelt sind die Klappcaravans. Auch bei diesen einfachen Fahrzeugen stehen Grundrissvarianten vom Zweischläfer über Familienausführungen bis hin zur »Zeltburg« mit Platz für acht Personen zur Verfügung. Klassiker ist der Seitfalter, bei dem der Deckel seitwärts geklappt wird und so vier Schlafplätze im Korpus und auf dem Deckel entstehen. Die Küche ist entweder im Korpus fest installiert oder wird an Heck oder Bug ausgeklappt oder beigestellt. Diese Varianten sind mit weiteren Vorzelten erweiterbar.

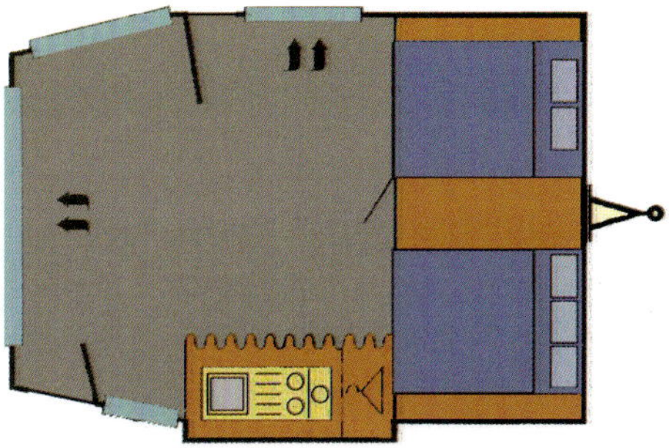

Grundriss 2

Erst in letzter Zeit auf dem Markt, findet dieser Kleingrundriss immer mehr Anhänger. Im Bug eine Sitzgruppe, die umgebaut zum Doppelbett für zwei wird. Im Heck ein Sanitärraum, Kleiderschrank und die Küche. Hier ist alles vorhanden, was man im Urlaub braucht. Derartige Kleingrundrisse sind auf dem Gebrauchtwagenmarkt noch selten zu finden, eine größere Verbreitung als Neuwagen haben sie erst seit Einführung der neuen Führerscheinrichtlinien, die Fahrern der Klasse B nur max. 750 kg Anhängelast zubilligt. Dies brachte in letzter Zeit neuen Schwung in die leichte Klasse.

Grundriss 3

Etwas länger und schon gibt's mehr Platz. Vorne das Doppelbett, im Heck eine Dinette mit Sitzplätzen für drei. Sie kann auch zum Einzelbett umgebaut werden. Grundrisse dieser Art sind allgemein sehr beliebt, da sie bereits bedingt familientauglich sind und trotzdem noch als gute Reisewagen gelten. Wird für den Aufenthalt am Platz das Vorzelt aufgebaut und voll genutzt, kann das Kinderbett an Stelle der Dinette tagsüber gemacht bleiben und so ein Umbau Abends entfallen.

Grundriss 4

Der zeitlose Klassiker unter den Grundrissen, besonders in der Mittelklasse. Die große Rundsitzgruppe im Heck wird zum Doppelbett, im Bug eine zweite Sitzgruppe, meist als Dinette mit zwei oder bis zu vier Sitzplätzen, die je nach Breite ein zweites Doppelbett oder ein Einzelbett ergeben. Diese Grundrissvariante war früher das Ein und Alles und erfüllt auch heute noch fast alle Ansprüche. In den meisten Fällen wird die Bugsitzgruppe als Doppelbett belassen und das Leben spielt sich tagsüber an der Rundsitzgruppe im Heck ab. In diesem Fall ist es angesagt, die Sitzpolster der Bugsitzgruppe durch eine feste Matratze aus Mehrzonenschaum zu ersetzen, die besten Schlafkomfort bietet.

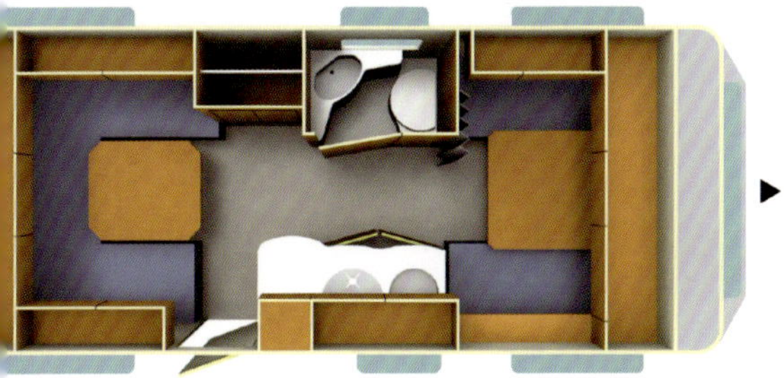

Grundriss 5

Das Doppelbett diesmal in Längsrichtung, daneben der Sanitärraum mit Toilette, das Waschbecken ist ausgelagert im Schlafbereich. Im Heck die große Rundsitzgruppe, die als Doppelbett den Kindern Schlafplatz bietet. Diese Grundrissvariante hat sich im Reisemobil, in spiegelverkehrter Anordnung mit Heckbett, bestens bewährt und wurde in den letzten Jahren auf den Caravan übertragen. Vorteil ist bei dieser Lösung: der sich unter dem Festbett anbietende Stauraum bis hin zur Möglichkeit einer Garage, wenn das Bett hoch genug gelegt wird.

Grundriss 6

Der Grundriss für das Ehepaar Müller aus unserem Rollenspiel. Rentner schätzen den leichten Zugang zu den Einzelbetten. Im Heck die gemütliche U-Sitzgruppe. Fahren die Kinder und Enkel damit in Urlaub, wird hier das Kinderlager aufgeschlagen. Einzelbettengrundrisse wurden in den letzten Jahren, besonders von der »Best-Ager-Generation«, mehr und mehr gewünscht. Ihr großer Vorteil ist der ungehinderte Zugang zu den beiden Betten. Kann bei Bedarf zum Doppelbett ergänzt werden.

Grundriss 7

Der Wagen für Familie Mayer. Für die Eltern wird die Rundsitzgruppe im Heck zum Doppelbett, die Kinder haben im Bug ihr eigenes Reich mit Etagenbett und Dinette. Geht es ohne den Nachwuchs auf Reisen, kann das Etagenbett, ausreichend Tragkraft vorausgesetzt, auch als Erwachsenenbett genutzt werden. Die U-Sitzgruppe muss dann nicht umgebaut werden.

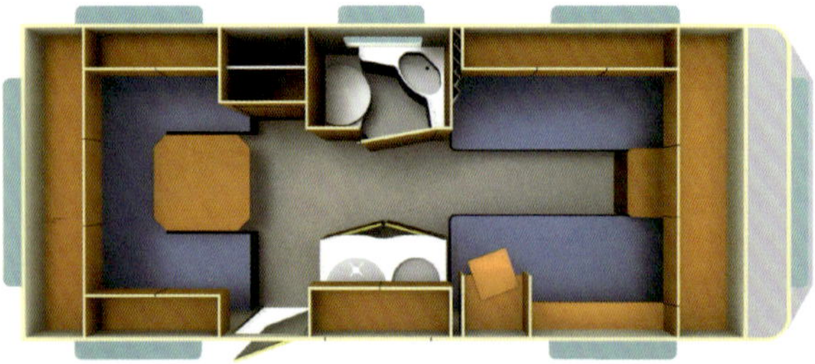

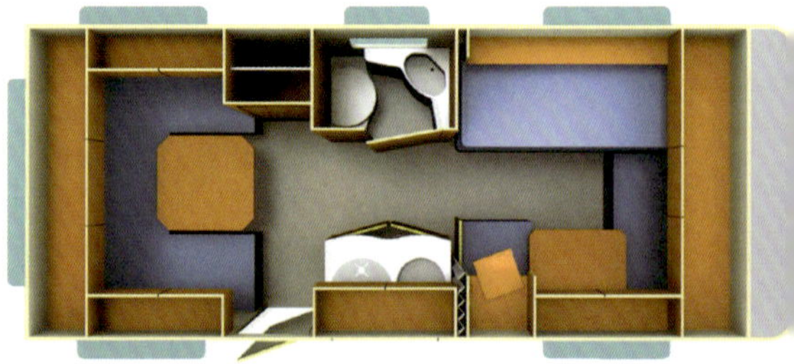

Grundriss 8

Damit fährt Familie Huber im Sommer an den Strand und im Winter zum Skifahren. Vorne das Doppelbett, im Heck das Etagenbett für die Kinder. In der Mitte findet, zumindest im Winter, an der U-Sitzgruppe das Familienleben statt. Jüngere Vertreter dieser Grundrissgattung haben im Bereich des Etagenbetts eine Garagentür in der Seitenwand, das untere Bett lässt sich hochklappen und ermöglicht so den Transport von Fahrrädern oder größeren, leichten Freizeitgeräten.

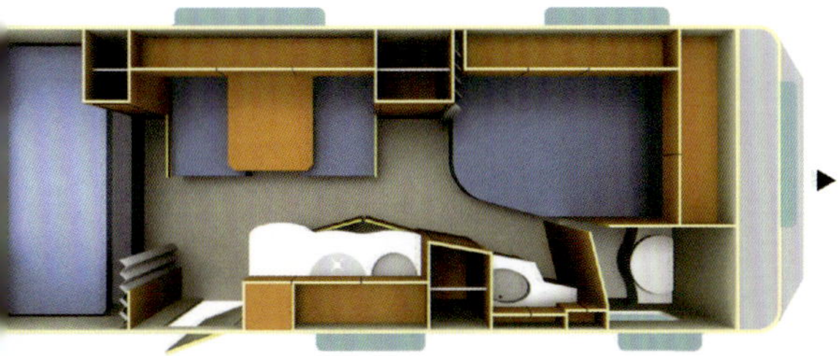

Grundriss 9

Dieser beliebte Grundriss findet sich häufig in der Ober- und Luxusklasse bei Nutzung als Mehrpersonenfahrzeug. Neben einem festen Doppelbett in Fahrzeuglängsrichtung und dem danebenliegenden Sanitärraum im Bug, wird das Heck von einer großen U-Sitzgruppe ausgefüllt. Die Besonderheit dieses Grundrisses ist die Dinettesitzgruppe in der Fahrzeugmitte, die für Übernachtungsbesuch zu einem weiteren Einzelbett umgebaut werden kann. Trotz der üppigen Ausmaße wird dieser Grundriss vorzugsweise von alleinreiseneden Paaren genutzt, die den Luxus und das riesige Platzangebot bevorzugen.

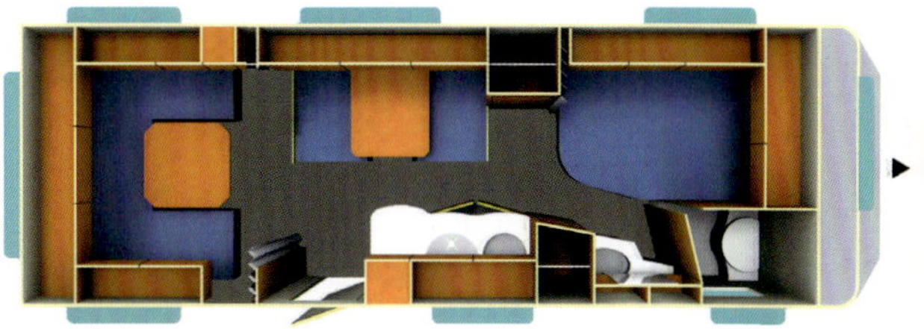

Grundriss 10

Mit diesem Ferienhaus fährt das Ehepaar Müller zum Überwintern nach Spanien. Nicht nur die große Bewegungsfläche, die Einzelbetten und die Rundsitzgruppe im Heck, vor allen Dingen das große Angebot an Schrankraum prädestiniert diesen Grundriss für den Langzeitaufenthalt.

Grundriss 11

In jüngster Zeit werden beim Caravan zunehmend neue Grundrisse angeboten, die sich im Reisemobil schon bewährt haben. Hier ist ein vollwertiger Sanitärraum mit abgetrennter Duschkabine quer im Heck hinter den Längs-Einzelbetten angeordnet. Tagsüber spielt sich das Leben an der geräumigen U-Sitzgruppe im Bug ab. Die große Küche reicht auch dann, wenn Besuch kommt.

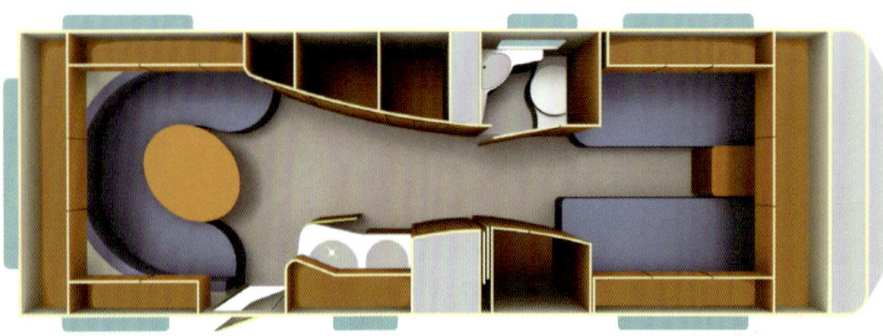

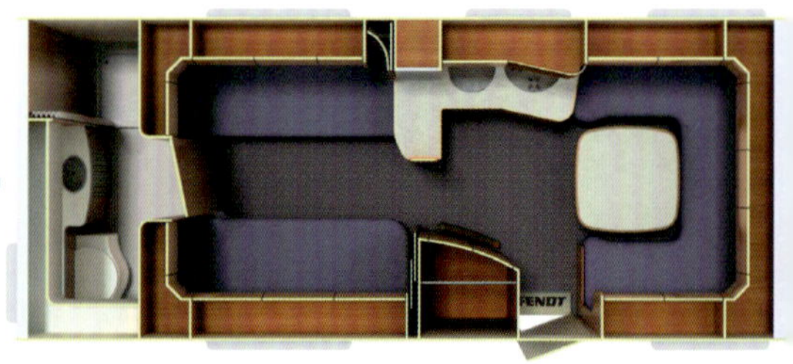

Grafik: Mit freundlicher Genehmigung der Fendt-Caravan GmbH

Fahrwerkstechnik

Ein modernes Caravan-Chassis von Al-Ko.

High Tech unter dem Boden

Kaum jemand schaut unter den Caravanboden, die Technik darunter scheint zu simpel. Mit einem genauen Blick unter den Caravan wird man aber schnell feststellen, dass gerade die technisch aufwändigen Fahrwerke am Caravan für ungetrübte Urlaubsfahrten sorgen. Besonders Wohnwagen verfügen bauartbedingt über eine sehr sensible Fahrdynamik, wofür zum einen der seitenwindempfindliche Aufbau und zum anderen die Gewichtsverteilung zuständig sind. Dazu kommt die neue Tempo-100-Regelung, die einem Caravan zusätzlich mehr als bisher abverlangt. Moderne Fahrwerke bieten heute sichere Nachlaufeigenschaften und beinhalten jede Menge Know-how unter dem Wohnwagen-Fußboden.

Chassis

Die Verbindung zwischen Aufbau und Fahrwerk ist das Chassis, welches zugleich als Verstärkung der Bodenplatte dient. War früher ein kompletter Chassisrahmen üblich, verwenden heute die meisten Hersteller nur noch zwei längs angeordnete Trägerprofile, die nach vorne hin in die Deichsel übergehen. Damit werden gleich zwei Fliegen mit einer Klappe geschlagen, denn die Materialkosten werden ebenso gesenkt wie das Gewicht. Im Vergleich zum Vollrahmen-Chassis kann die Gewichtseinsparung bis zu 100 Kilogramm betragen. Im Bereich der Achse und des Einspannpunktes, wo die Belastung am größten ist, sind die Längsträger (z. B. Al-Ko-Leichtbauchassis) sehr hoch und somit sehr stabil ausgelegt. Dagegen sind die Bereiche mit niedrigem Traganteil mit so genannten Leicht-

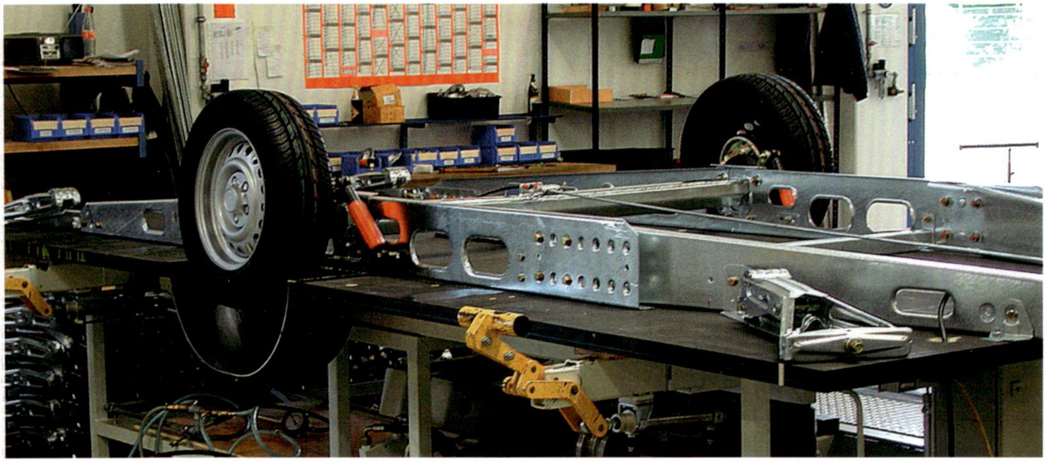

Das Fahrwerk eines Caravan wird auf der Bodenplatte montiert.

baulochungen versehen. Diese werden zusätzlich verprägt, um auch hier keine Stabilität zu verlieren. Außerdem garantiert ein spezieller Feinkornstahl mit großer Festigkeit und Streckgrenze eine bestmögliche Stabilität bei geringerem Eigengewicht. Des weiteren verwendet AL-Ko eine formschlüssige Verschraubung über Schernocken (Topfverschraubung), die eine stabile und absolut spielfreie Verbindung der einzelnen Bauteile zur Folge hat.

Plattformstrategie mit Vario-Chassis

Mit Chassis aus einem Bauteil (One Piece von BPW und Knott), rüstet Hobby seine Caravans der Easy-Baureihe bis zur einer maximalen Aufbaulänge von 5,29 Meter aus. Noch längere Einheiten verbietet die Logistik, da sie zu schwer und zu unhandlich bei der Fertigung sind. Vielfach taucht der Name »Vario-Chassis« bei den Wohnwagenherstellern auf. Dahinter verbirgt sich ein AL-Ko-Chassis mit variabler Längenverstellung. Ähnlich der Plattformstrategie in der Automobilindustrie lässt diese Variante einen vielfältigen Einsatz als Basis mehrerer Baureihen zu. Natürlich steht auch hier der Kostenfaktor an erster Stelle, denn ob als Einachser oder Tandemachser, durch die Verstellbarkeit (Mehrlochbohrungen) im Bug- und Heckbereich mit 480 mm bzw. 360 mm, lässt sich die Lagerhaltung auf ein Minimumm (etwa ein Drittel) reduzieren. Denn für mehrere Aufbaugrößen ist nur noch eine Rahmenversion nötig, deren wirksame Deichsellänge und damit auch die Gestängelänge gleich bleibt. Zudem bieten die Befestigungswinkel einen Verstellbereich von 8 x 65 mm.

Deichsel

Die Deichsel stellt nicht nur die Verbindung zum Zugwagen her, ihre Länge ist auch von entscheidender Bedeutung für die Fahrstabilität. Gemessen wird die Deichsellänge von der Achsmitte bis zur Mitte der Kupplungsaufnahme. Grundsätzlich gilt: je länger die Deichsel, desto besser sind die Nachlaufeigenschaften. Überwiegend kommen V-Deichseln zum Einsatz, die sich leicht am Chassis andocken lassen und über eine hohe Steifigkeit verfügen, was ebenfalls den Fahreigenschaften zu gute kommt. So genannte T-Deichseln mit geradem Zentralrohr werden nur noch für leichte und fahrdynamisch eher unproblematische Reisecaravans verwendet, wie zum Beispiel an den Eriba-Touring-Modellen.

Deichsellänge

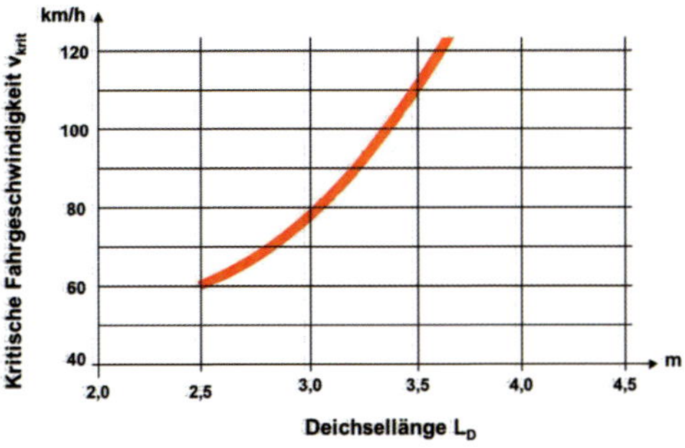

Bei langer Deichsel erhöht sich die kritische Fahrgeschwindigkeit.

Achsen

Unabhängig von den gewichtsmäßigen Voraussetzungen, Ein- oder Tandemachse, haben sich Achsen mit Längs- oder Schräglenkertechnik durchgesetzt. Beide Konstruktionen haben sich gerade im Caravaneinsatz bestens bewährt, wobei die Vorteile in punkto Fahrkomfort und Sicherheit klar bei der Schräglenker-Variante liegen. Abgesehen von preiswerten und leichten Wohnwagen, rüsten nahezu alle Wohnwagenhersteller ihre Fahrzeuge mit der aufwändigeren Schräglenkertechnik aus. Übrigens sind bei beiden Systemen die Räder einzeln aufgehängt, so dass jedes Rad für sich getrennt federn kann. Gegenüber der geraden Längslenkerachse wirkt die schräg gestellte Variante der Fliehkraft entgegen, die bei Kurvenfahrten oder Wankbewegungen auftreten. Dabei wird das kurvenäußere Rad mehr belastet und das Kurveninnere Rad neigt dazu, sich von der Fahrbahn abzuheben. Mit der Schräglenkerachse lassen sich diese Kriterien zwar nicht ausschließen, aber dennoch spürbar reduzieren. Erreicht wird das durch den kleineren Wankhebelarm, der einen geringeren Abstand des Momentanzentrums (der Punkt um den sich der Aufbau neigt) zum Schwerpunkt des Anhängers erreicht. Außerdem vergrößert sich der negative Sturz des kurvenäußeren Rades, welches sich so gegen die Fliehkraft stemmt und den Anhänger nach innen

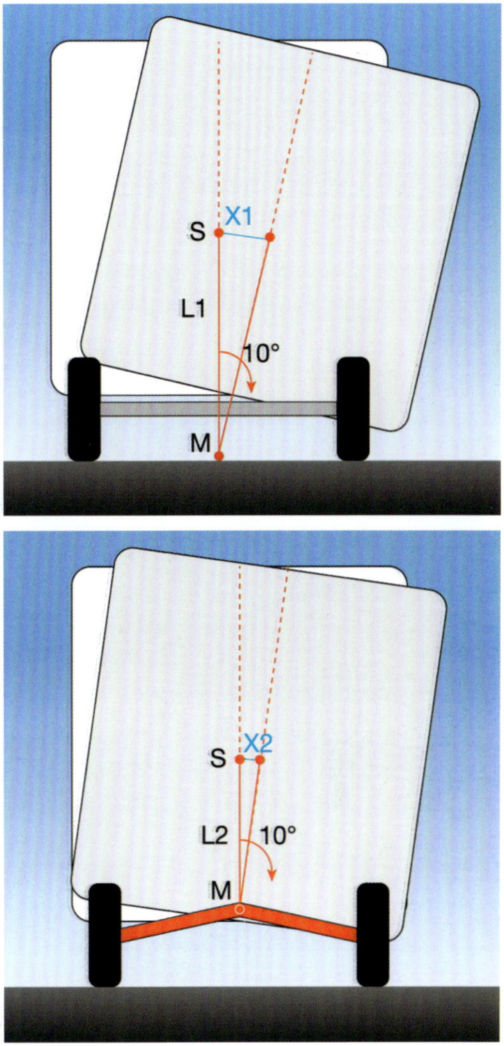

Die Wankbewegungen bei einer normalen und einer Schräglenker-Caravanachse.

abstützt. Aber auch bei Seitenwind auf Brücken oder bei Überholvorgängen sind nur noch kleinere Wankbewegungen möglich, was natürlich die Fahrstabilität deutlich erhöht.

Federung

Die Federung befindet sich im Achsrohr, wobei die Gummifederungs-Systeme klar dominieren. Hierbei werden Gummistränge in die Hohlräume von Außen- und Innenrohr gepresst, die versetzt ineinander geschoben sind. Das äußere Rohr trägt das Chassis, während die Außenenden des inneren Rohres über Lenkarme und Achsschenkel die Räder tragen. Gummifederachsen sind absolut wartungsfrei und haben eine begrenzte Eigendämpfung. Mehr Fahrkomfort durch große Federwege und zugleich weiche Federung bietet die Sechskant-Gummifederung von AL-Ko. Die Gummieinlagen zwischen dem Sechskant-Außenrohr und dem Dreikant-Innenrohr werden hierbei nicht gequetscht, sondern können in dem vorhandenen Raum arbeiten bzw. walken. Bei der Drehschubfederachse (z. B.: Knott) stellen aufvulkanisierte Gummielemente die Verbindung von Außen- und Innenrohr her. Ganz im Gegensatz zu der reinen Drehstabfederachse (z. B. BPW, WAP), die keine Eigendämpfung erzeugt. Hier liegt in dem Achsrohr

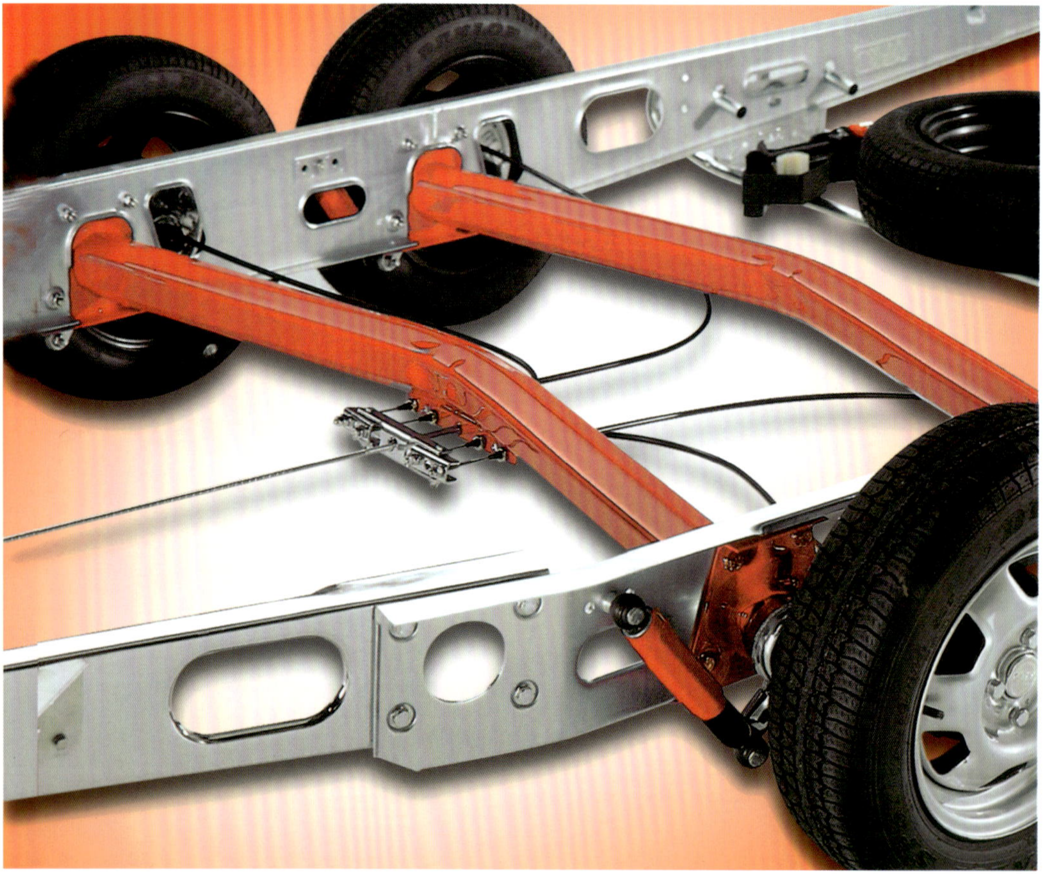

AL-Ko Tandemachse mit Schräglenkerachsen und Stoßdämpfern.

ein in der Achsmitte fest eingespannter Federstab, der aus mehreren Federstahl-Blattlagen besteht. Die Torsion (Verwindung/Verdrehung) der freien Außenenden gegenüber der eingespannten Mitte bewirkt hier die Federung.

Stoßdämpfer

Eine effektive Dämpfung ist die Voraussetzung für sichere und komfortable Nachlaufeigenschaften. Wegen nicht vorhandener Eigendämpfung müssen Drehstabfederachsen im Caravanbereich immer mit Stoßdämpfern kombiniert werden, aber auch Gummifedersysteme lassen sich damit optimieren. Wichtig ist dabei, die hydraulischen Dämpfer der jeweiligen Gewichtsklasse anzupassen. Eine Überdämpfung bei leichten Caravans ist verbunden mit Springen und Hüpfen, während eine Unterdämpfung im oberen Gewichtsbereich kaum Verbesserungen des Fahrkomforts bringt. Sind aber die Stoßdämpfer auf die korrekte Gewichtsklasse abgestimmt, halten sie das Rad sicher auf der Fahrbahn. Außerdem werden die Schwingungen zum Aufbau hin unterdrückt und damit auch nicht zum Zugwagen weitergereicht. Für die 100 km/h-Zulassung sind bei jeder Achskonstruktion Stoßdämpfer notwendig.

Bremsen

Grundsätzlich verwenden alle Chassis-Hersteller Trommelbremsen für ihr Fahrwerk. Die robusten Radbremsen verfügen teilweise über Kühlrippen zur besseren Wärmeabführung und sind überwiegend servicefreundlich montiert, so dass die Erneuerung der Bremsbeläge kostengünstig erfolgen kann. Mit mechanischen Scheibenbremsen des Herstellers BPW waren indes ein Teil der einachsigen Modelle von Weippert ausgerüstet. BPW ist es gelungen, mit verblüffend einfacher Mechanik eine hochwirksame Scheibenbremsanlage zu konstruieren. Dabei ist der Bremssattel als Schwimmrahmenbremse konzipiert. Das vorgeschaltete, etwa 1:3 übersetzte Hebelpaar sorgt durch seine gegenläufige Anordnung für eine Verdoppelung der Zugspannkräfte. Hieraus resultieren die geringen Deichselkräfte an der Auflaufeinrichtung, die dem Fahrer ein weiches aber dennoch wirkungsvolles Abbremsverhalten vermitteln. Selbstverständlich verfügen die Konstruktionen über eine Rückfahrautomatik und einen gasfederunterstützen Handbremshebel. Zur Zeit ist die WAP-Scheibenbremsanlage für Einachser bis 1500 kg (Tandem bis 3000 kg) lieferbar und kann mit Drehstabfeder- oder Gummifederachsen kombiniert werden.

Achsstoßdämpfer

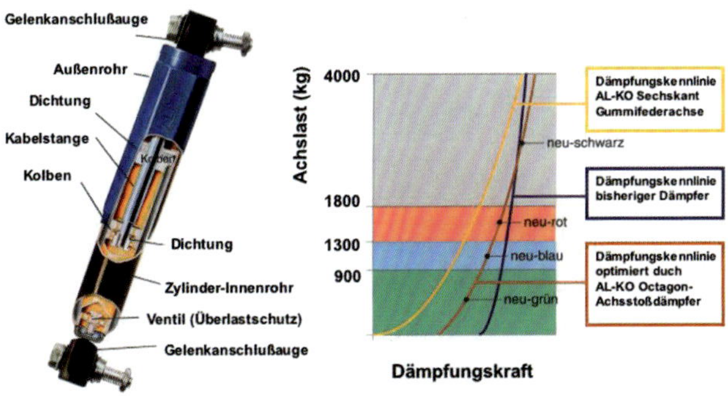

Aufbau eines Achsstoßdämpfers.

Bremswege mit und ohne ABS

- **Zugfahrzeug: Audi A6**
- **Anhänger: Einachsiger Wohnwagen 1500 kg**
- **Fahrbahn: Trockener Asphalt**

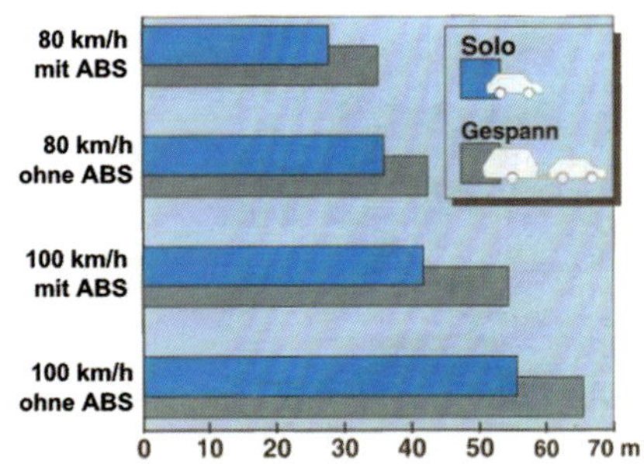

Bremsverhalten eines Gespanns mit und ohne ABS.

Schlingerdämpfer

Ein weiteres Sicherheitsdetail ist die Antischlingerkupplung, die heute vielfach zur Serienausstattung gehört. Während die Oris mit seitlichen Bremsleisten ausgerüstet ist, sind bei den Anbietern AL-Ko, Westfalia und Winterhoff, sogenannte Reibelemente im Kupplungskopf integriert. Neu ist die AKS 2004 (bis 2000 kg) und 3004 (bis 3000 kg) Comfort von AL-Ko, die nun zu den seitlichen Reibelementen einen vorderen und einen hinteren dazu bekam. Somit werden nicht nur die seitlichen Schlingerneigungen gedämpft, sondern auch die Nickbewe-

Ein Schlingerdämpfer von Al-Ko (AKS 2004 Comfort), der mit vier speziellen Reibelementen Schlinger- und Nickbewegungen reduziert.

Fahrsicherheit von Anhängern

Pendeln

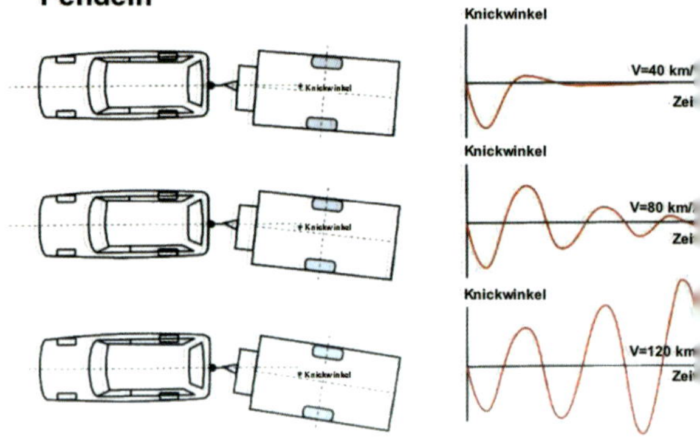

Je höher die Geschwindigkeit, desto mehr öffnet sich der Knickwinkel und damit das Pendeln des Anhängers.

Fahrsicherheit von Anhängern

Berechnung der Fahrstabilität mit und ohne Stabilisationseinrichtung (AKS)

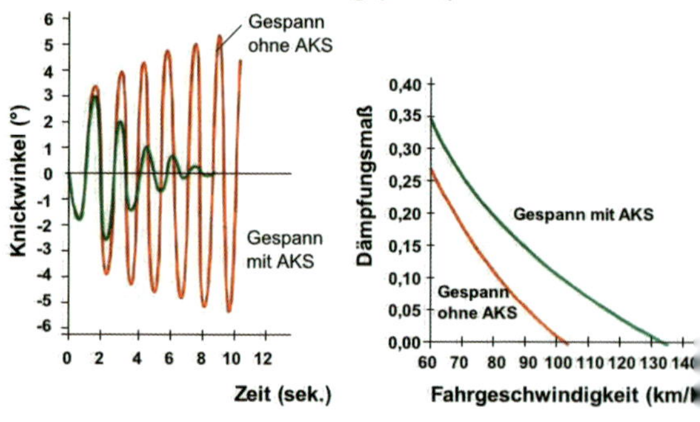

Unterschied der Fahrstabilität eines Anhängers mit und ohne Antischlingerkupplung.

gungen konnten deutlich abgemildert werden. Da die Kupplungs- und Stabilisierungseinrichtung unabhängig voneinander bedienbar sind, können Fehler beim Ankuppeln nicht auftreten. Außerdem konnte das Gewicht, durch den Einsatz von Leichtbaumaterialien um 25% auf nur noch 3,9 kg reduziert werden.

Elektronische Systeme

Einen ganz anderen Weg ging Diplom-Ingenieur Wolfgang Lubs, um dem Problem der Schlingerbewegung zu begegnen. Das vom ihm entwickelte System LEAS (Lubs-Elektronik-Antischlinger-System) greift bei aufkommenden Pendelbewegungen des Anhängers elektronisch ein. Im Gegensatz zu den herkömmlichen passiven Systemen reagiert LEAS erst nach mehrmaligen Anhängerpendeln. Zu diesem Zweck wird an der Deichsel eine Bremsautomatik angebaut, die von einem Steuergerät die

Elektronische Stabilitäts-Systeme an Zugfahrzeug und Caravan reduzieren das gefährliche Schlingern des Anhängers.

Der Pionier: Ein Caravan mit installiertem elektronischen Antischlinger-System von Leas.

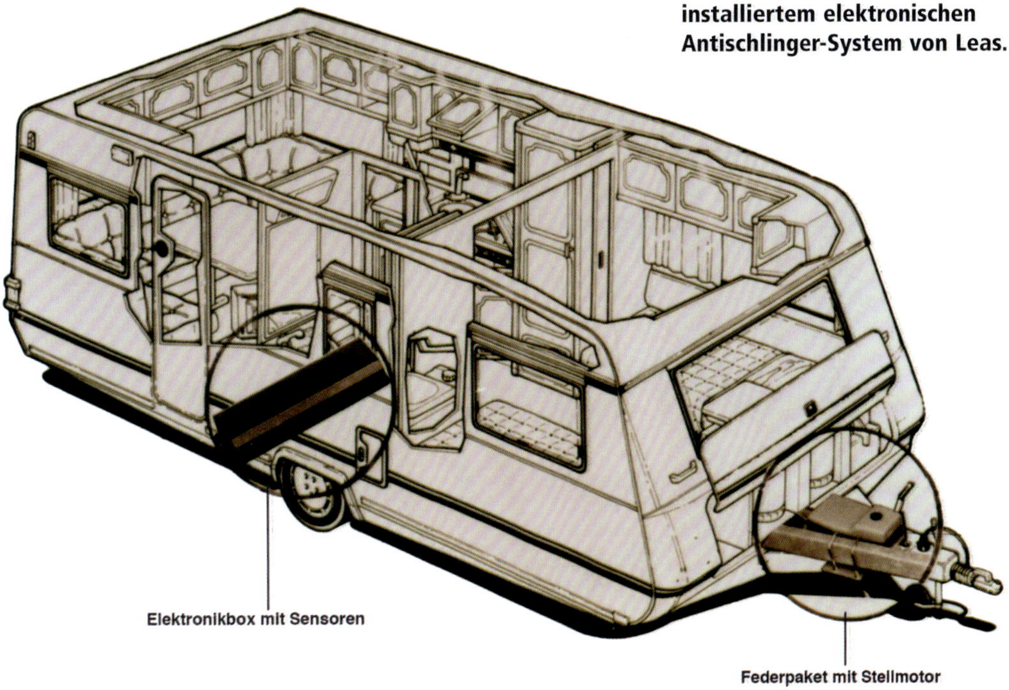

entsprechenden Befehle zum Bremsen erhält. Ein Sensor registriert hier die Querbeschleunigung des Anhängers und betätigt bei Überschreitung eines festgelegten Grenzwertes einen elektrischen Impuls zur Bremsautomatik. Diese löst dann den fein dosierten Bremsvorgang der Auflaufbremse aus, solange, bis der Wohnanhänger den vorgegebenen Wert wieder unterschritten hat. Ein akustisches Signal im Zugwagen informiert den Fahrer über die Aktivitäten des Antischlingersystems. Neben dem Einzelkämpfer Lubs sind die großen Fahrgestell-Hersteller wie Al-Ko, BPW und Knott spätestens nach 100 km / h-Freigabe ebenfalls mit elektronischen Stabilisierungs-Systemen auf den Markt gekommen, die im Prinzip ähnlich funktionieren.

Marktführer Al-Ko bietet sein Stabilitäts-System ATC in der Erst- und Nachrüstung an.

Die ATC (Al-Ko-Trail-Control) vom Marktführer Al-Ko setzt ein, wenn die Grenze der kritischen Fahrgeschwindigkeit des Gespannes erreicht oder gar überschritten wird, also dann, wenn sich ein einmal ins Pendeln geratenes Gespann nicht mehr von alleine beruhigt. Der Rechner des ATC leitet einen dosierten Bremsimpuls direkt am Caravan ein, wodurch die Pendelschwingung wirksam unterdrückt und das Gespann ohne Zutun des Fahrers beruhigt wird.
Die ATC verfügt über eine ausgeklügelte Sensorik, die permanent die Anhängerquerbewegungen überwacht und ein verwertbares Signal generiert, das Aufschluss über die momentane Fahrstabilität gibt.
Bei Mitbewerber Knott hat das ETS (Elektronische Trailer Stabilisierung) genannte System am Bordrechner einen Beschleunigungssensor integriert, der die Anhängerbewegungen auf charakteristische Merkmale von aufkommenden Schlingerbewegun-

So ist die elektronische Trailer-Stabilisierung ETS von Knott aufgebaut.

gen hin auswertet. Hierbei muss das System aus dem komplexen Signal einzelne Erschütterungen, langgezogene Kurvenfahrten oder auch aufkommende Schlingerbewegungen separat herausfiltern und entsprechend reagieren. Dazu wird diese Information zusätzlich noch mit der aktuellen Geschwindigkeit des Gespanns verknüpft und auf diese Weise der erforderliche Bremseingriff errechnet. Sollten vorbestimmte Schwellwerte überschritten werden, wird blitzschnell aus dem Hochdruckspeicher des Ventilblockes Bremsdruck an die Radbremsen angelegt und feinfühlig nachgeregelt. Diese Regelung berücksichtigt neben Stärke der Schlingerbewegung und der gefahrenen Geschwindigkeit noch eine eventuelle vorliegende Blockierneigung der angebremsten Räder.

Bereifung

Moderne Autoreifen sind Produkte, die bei entsprechender Behandlung hohe Laufleistungen bringen und eine lange Lebensdauer haben. Sie garantieren dabei in besonders hohem Maße die Verkehrssicherheit eines Fahrzeugs. Verändert sich die Beschaffenheit dieses Verbindungsgliedes zwischen Auto und Straße in dramatischer Weise, entsteht höchste Gefahr für Mensch und Material. Dass Fahrzeugreifen angesichts dieser einleuchtenden Problematik von ihren Besitzern eher banalisiert werden und nur wenig Beachtung finden, ist leider eine Tatsache. Die Empfehlung der Reifenhersteller, die dringend auf entsprechende Pflege hinweisen, werden dabei gerne übersehen, ein unter Umständen riskantes Versäumnis.

Gerade beim Caravan sollten wegen der langen Standzeiten rechtzeitig die Reifen erneuert werden.

Wer rollt auf was?

AL-Ko: Adria, Beisl, Bimobil, Bürstner, Chateau, CI Wilk, Cristall, Dethleffs, Eifelland, Eura Mobil, Fendt, Home Car, Hymer Eriba, Knaus, LMC, Rapido, Sterckeman, Tabbert, T.E.C.
BPW: Cristall (Tandemachser), Dethleffs, Hobby, Kabe, LMC, Polar, Solifer, T.E.C.
Knott: Hobby
WAP: Weippert

Wer liefert was?

AL-Ko: Längslenker mit Drehstabfederung
Längslenker mit Gummifederung
Schräglenker mit Gummifederung (Vierkant/Sechskant)
BPW: Schräglenker mit Drehstabfederung
Knott: Längslenker mit Drehschubfederachse
Längslenker mit Drehstabfederung
Längslenker mit Gummifederung (Vierkant)
WAP: Längslenker mit Drehstabfederung
Längslenker mit Gummifederung (Vierkant)

Kaufberatung für gebrauchte Caravans

Der Kauf eines Caravans ist Vertrauenssache

Der Kauf eines Caravans ist eine recht kostspielige Angelegenheit und will deshalb sorgfaltig durchdacht sein. Laut ADAC rentiert sich generell der Kauf eines hochwertigen Freizeitfahrzeuges nur, wenn es mehr als drei Wochen im Jahr genutzt wird. Es gibt nicht nur erstklassige Neufahrzeuge, sondern auch prima erhaltene Caravans aus zweiter Hand. Deshalb wird die Frage nach neu oder gebraucht oft durch einen raschen Blick auf den Kontoauszug beantwortet.

Gebraucht-Caravans sollte man bei einem seriösen Händler in der näheren Umgebung des Wohnortes erwerben.

Erster Schritt vor dem Kauf eines Caravans ist in jedem Fall die Erstellung eines persönlichen Anforderungsprofils. Im Kreise der Lieben sollte man sich zunächst über die Art und Weise des mobilen Urlaubes klar werden, um einen passenden Caravan zu finden.

Hier sind die »Zehn Gebote«, wichtige persönliche Kriterien, die vor einem Caravan-Kauf geprüft werden sollten:

1. Der Preis: In welcher Preisklasse soll der Caravan liegen? Soll der Gebrauchte bar gekauft oder finanziert werden? Viele Hersteller bieten günstige Konditionen für Kauf, Miete oder Leasing auch für Gebrauchtfahrzeuge an, die - selbst wenn das Kapital vorhanden ist - echtes Sparen bedeuten können.

2. Der Typ: Wird ein Touren- Komfort- oder Luxus-Caravan gewünscht? Welcher Caravan passt an welches Zugfahrzeug? Ist das passende Zugfahrzeug vorhanden?

3. Die Größe: Welche Campingart wird bevorzugt? Dauercamping oder Tourencamping?

4. Der Grundriss: Wie viele Personen machen in der Hauptsache Urlaub mit dem Caravan? Wie viele Schlaf- und Sitzplätze für die gemütliche Runde am Campingplatz sind erforderlich, reicht die zulässige Gesamtmasse für die Crew mit Ausrüstung? Verreist eine Familie mit Kindern, muss das Urlaubsgefährt mit mehreren Schlafplätzen größer ausfallen, etwa Stockbetten für die Kinder haben. Für das allein reisende Paar kann ein kompakter, leichter Reisewohnwagen ausreichen. (Siehe Teil II, Grundsätzliche Typologie, S. 18)

5. Das Urlaubsziel: Wohin geht die Reise? Welche Urlaubsregionen werden wie lange besucht? Längere Urlaubsreisen in nordisch-kalte Regionen erfordern eine andere Technik als der schnelle Wochenendtrip im Sommer. Benötigt man eine autarke Version oder wird das immer beliebtere Wintercamping ins Auge gefasst, müssen Heizung und Versorgungselemente wie Frischwasser, Gasvorrat oder Energiebevorratung entsprechend ausgelegt sein.

Der Handel offeriert auch bei gebrauchten Fahrzeugen eine riesige Modellvielfalt für jeden Kundenwunsch.

6. Die Ausstattung: Wie wichtig ist Luxus? Tipp: »Funktion vor Optik«. Je geringer der Wohnraum, desto größer die Mobilität. Wer viel fährt, sollte den Raumkomfort einschränken. Werden Luxus-Campingplätze mit eigenem Vier-Sterne-Restaurant bevorzugt oder wird im Caravan regelmäßig gekocht? Sind Dusche und Toilette verzichtbarer Luxus oder unabdingbarer Bestandteil für das eigene Wohlbefinden, wird ein festes Doppelbett oder Einzelbetten gewünscht?

Benötigt man Ausstattungsdetails wie Backofen, TV-Sat-Anlage oder Mikrowelle?

7. Die Zuladung: Welche Sport- oder Hobbygeräte werden mitgenommen, welche landen auf dem Zugfahrzeug, welche kommen an, auf oder in den Caravan? Tipp: Bei Caravans bis zum Herbst 2000 mit alten Gewichtsangaben (Eigengewicht, Leermasse nach EU-Vorschrift, Gesamtgewicht und Stützlast stehen im neuen EU-Fz-Schein!) kann die Errechnung der Mindestmasse für die persönliche Ausrüstung mit einer einfachen Formel: M = 10 x N + 10 x L + 30 erfolgen. N steht für die Zahl der Schlafplätze, L für die Aufbaulänge. Ein Beispiel, an dem man ersehen kann, ob der Gebrauchte auch vom Gewicht her ausreicht: Die Aufbaulänge beträgt 4,40 m, der Caravan bietet vier Schlafplätze an, die auch genutzt werden sollen.

M = 40 (10 x 4) + 44,0 (4,40 m x 10) + 30

Das macht 114 Kilo, die der Gebrauchte schon mal an Zuladung vorhalten sollte.

8. Das Zubehör: Welches Zubehör benötige ich für das Reisen? Klar ist, dass ab Werk bestellte Zubehörteile dort einfacher zu montieren und dann auch preisgünstiger sind. Viele Hersteller bieten für die entsprechenden Bedürfnisse komplette Zubehörpakete wie ein Autark-, Luxus- oder Winterpaket preisgünstig ab Werk an. Berücksichtigen Sie bei der Auswahl eines Gebrauchten, ob der Erstbesitzer diese geordert hatte.

9. Der Stellplatz: Nicht unwichtig: Wo und wie kann ich meinen Caravan abstellen, gibt es – kostengünstige - Park- Abstell- oder Winter-Unterstellmöglichkeiten für den Caravan in der Nähe der Wohnung? Im öffentlichen Verkehrsraum kann man den zugelassenen Wohnwagen nur maximal 14 Tage abstellen.

10. Der Händler: Habe ich einen vertrauenswürdigen Händler, eine Fachwerkstatt in erreichbarer Nähe, die mein Fahrzeug professionell betreut?

Internationale Fachmessen wie der Caravan Salon in Düsseldorf bieten eine gute Gelegenheit, das gesamte Sortiment auf dem Markt in Augenschein zu nehmen.

Den ausgewählten Caravan mit Familie vor Ort genau unter die Lupe nehmen, beim Händler »Probefahren und Probewohnen« vereinbaren.

Fachzeitschriften können durch Tests und Fahrberichte wertvolle Hilfe für die Kaufentscheidung bieten.

Eine preiswerte Alternative: Der gebrauchte Caravan

Das Kraftfahrtbundesamt meldete am 01.01. 2006 in der Bundesrepublik einen Bestand von mehr als 610.000 zugelassenen Einheiten (Gesamtbestand etwa 980.000), dazu kommen etwa 22.000 Neufahrzeuge, über 48.000 Caravans wechselten in dieser Zeit ihren Besitzer. Betrachtet man den Bestand an Caravans nach dem Zulassungsjahr, fällt auf, dass die Nutzungsdauer im Vergleich zu anderen Fahrzeuggattungen recht lang ist. Der Herstellerverband CIVD berechnet das Durchschnittsalter aller registrierten Caravans mit 14 Jahren und fünf Monaten (Stand 01.01.2005). Die lange Lebensdauer der Caravans spiegelt sich auch in den Gebrauchtpreisen wieder. Während andere Fahrzeuggattungen wie Reisemobile oder Pkw schon im ersten Jahr einen Wertverlust von bis zu 50 % verzeichnen, können Caravans mit moderaten 30 % Wertverlust in den ersten drei Jahren aufwarten. Auch danach haben Wohnwagen hohe Wertbeständigkeit, man rechnet mit 8-10 % Wertverlust für die nächsten Jahre. Ab einem Alter von 10 Jahren haben Caravans bei normaler Pflege quasi

Vermeintliche Schnäppchen sollten vor dem Kauf vom Fachmann genau untersucht werden.

einen festen Wert von ungefähr 25 % des damaligen Kaufpreises – bis sie auseinanderfallen. Das heißt, junge Gebrauchte mit einem Alter von zwei bis fünf Jahren sind im Handel Mangelware und recht teuer, Caravans mit zehn und mehr Jahren auf dem Buckel sind preiswert zu haben. Zwei Wege stehen dem Kauf-Interessenten offen: Der Kauf beim Händler oder die Suche in Privatangeboten. Sowohl Händler als auch Privatverkäufer bieten ihre Gebrauchten meist im Kleinanzeigenteil von Tageszeitungen und Anzeigenblättern oder bundesweit in Fachmagazinen und neuerdings in speziellen Internet-Börsen an.

Beim Fachhandel auf der sicheren Seite

Neben ständigen Gebrauchtausstellungen bietet der Fachhandel die Fahrzeuge feil, die er beim Verkauf neuer Wohnwagen in Zahlung genommen hat. Daher gleich ein Tipp: Wenn man nicht Caravan-Fachmann oder alter Hase mit jahrelanger Erfahrung ist, sollte man seinen Gebrauchten vom Händler kaufen. Der Grund ist einfach: Der Händler bietet die größere Auswahl, kennt den Wagen meist genau, kann informieren und beraten und hat oft ebenso günstige Angebote wie der Privatverkauf per Annonce. Zudem, und das ist ein ganz wichtiger Aspekt, muss der Händler im Gegensatz zum Privatmann die gesetzlich übliche Gebrauchtfahrzeug-Gewährleistung von einem Jahr gewähren. Viele Händler sind in Deutschland dem Deutschen Caravan Handelsverband DCHV e. V. angeschlossen. Dieser garantiert mit hohen Auflagen an Gebäude, Personal, Werkstatt und Beratung einen gesicherten Qualitätsstandard im Handel. Deshalb kann man sich bei einem DCHV-Betrieb relativ beruhigt nach einem Neu- oder Gebrauchtfahrzeug umsehen. Um sich Enttäuschungen zu ersparen, sollte der Käufer eines Caravans sich vorher bei einschlägigen Internet-Seiten von TÜV, Dekra, Mobile.de, AutoScout24 oder der »Schwacke-Liste« über den reellen Zeitwert des preferierten Caravans informieren und bei mehreren Händlern Preisvergleiche anstellen.

Neue Rechtslage auch bei Gebrauchten

Für gebrauchte Caravans gilt bei gewerblichen Verkäufern grundsätzlich die gleiche Gewährleistung wie bei Neufahrzeugen. Sie **kann** aber im Gegensatz zum Neukauf auf ein Jahr verkürzt werden, weshalb man immer von einer 1-Jahres-Gewährleistung ausgehen sollte. Für private Verkäufer bleibt die bisherige Regelung bestehen, das heißt: Im Kaufvertrag kann die Gewährleistung mit einer Klausel wie »gekauft wie besichtigt« ausgeschlossen werden. Nicht verschweigen darf auch der Privat-Verkäufer Mängel und Unfallschäden, diese Fakten sollten dann im Kaufvertrag niedergelegt werden. Aber Achtung: Vergisst der private Verkäufer die Ausschluss-Klausel im Vertrag, gilt die gesetzliche Gewährleistung von einem Jahr.

Herbst und Winter sind klassische Schnäppchen-Zeiten

Gerade in den kälteren Monaten des Jahres gehen versierte Gebrauchtwagenkäufer auf Schnäppchen-Jagd, purzeln dann doch die Preise für Caravans ebenso wie die Außentemperaturen. Wenn die Saison sich dem Ende zuneigt, werfen die großen Vermieter in beachtlicher Zahl gebrauchte Fahrzeuge auf den Markt. Auch viele Privatbesitzer, die ihren neuen Caravan auf einer der großen Messen für das kommende Jahr schon geordert haben, wollen ihren bisherigen Reisebegleiter loswerden. In den letzten Jahren ist ein stabiler Gebrauchtwagenmarkt zu verzeichnen, die Nachfrage hält sich in etwa mit dem Angebot die Waage, was gleich bleibende Preise zur Folge hat.

Warnung vor Euphorie – der erste Blick gehört in die Papiere

Der erste Blick bei genauer Inspektion des ausgesuchten Fahrzeugs sollte Prüfberichten, Fahrzeugpapieren und ggf. dem Service-Scheckheft / Dichtigkeitsservice gelten. Ein frischer Hauptuntersuchungs-Stempel und eine gerade erfolgte Gasprüfung (die, weil Anhänger, nicht Voraussetzung bei der Hauptuntersuchung ist!) sind neben einem

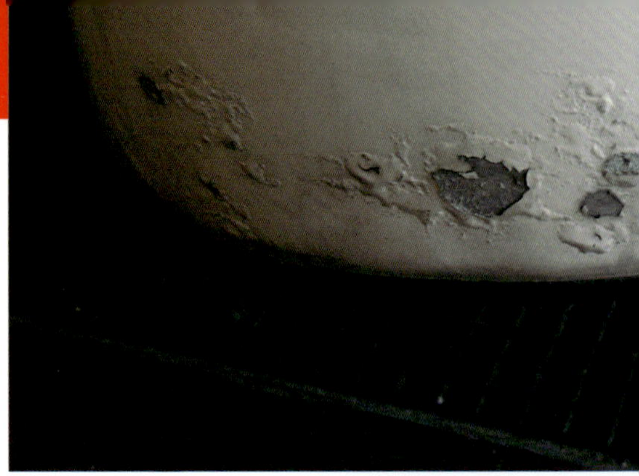

guten Gesamteindruck erste Indizien für einen guten Allgemeinzustand. Aufschlussreich ist auch ein Blick ins Inspektionsheft. Er gibt Auskunft – mit Stempel und Datum beglaubigt - darüber, ob regelmäßige Kundendienste wie die jährliche Dichtigkeitsprüfung oder der General-Check während der Garantie beim Händler durchgeführt wurden. Die Reifen - eine permanente Schwachstelle bei Caravans - sollten keine Stand- und UV-Schäden oder Altersverschleiß wie Brüche aufweisen und mit dem richtigen Luftdruck versehen sein. Der optische Zustand des Caravans muss ebenso stimmen wie die Technik. Einfachste Methode ist - und damit sollte ein (Privat-) Verkäufer mit reinem Gewissen einverstanden sein - den Caravan direkt zum TÜV oder Dekra zu fahren und für etwa 40,- € eine Hauptuntersuchung vom Sachverständigen vornehmen lassen. Etwas teurer ist der Rat von vereidigten Gutachtern: Hier gibt es spezielle Fachleute für Freizeitfahrzeuge (z. B. im Internet: www.gutachter-caravan.de), die in ihren Gutachten (ab 100,- €) auch auf die fahrzeugspezifischen Gegebenheiten wie Einrichtung und Ausrüstung eingehen. Die Gebühren dafür sind gut angelegtes Geld.

Dekra und andere Organisationen bieten spezielle Wohnwagen-Untersuchungen mit Gutachten an.

Alufraß, Verwitterung durch mangelhafte Pflege oder Wasserschäden sollten dem Interessenten bedeuten: Finger weg!

Infos über gebrauchte Caravans

Anzeigenteil Tageszeitungen Mittwoch und am Wochenende
Anzeigenblätter
Anzeigenteile Fachmagazine
Webseiten Fachmagazine oder Autozeitschriften
Webseiten Prüfstellen von TÜV / Dekra / GTU / KÜS
Webseiten überregionaler Caravan-Händler
Webseite oder Liste von Gebraucht-Taxierern wie Schwacke
Gebrauchtfahrzeugbörsen beim örtlichen Caravan-Händlern
Gebrauchtbörsen bei großen Fachmessen wie Caravan Salon, CMT oder CBR.
Internet-Börsen wie Cara-World.de, AutoScout24.de, Mobile.de.
Auktionen wie ebay

Wer schreibt, der bleibt – Der Kaufvertrag

Ist die Entscheidung für einen Neuen gefallen, liegen für den eigentlichen Kaufvertrag Formverträge der Hersteller oder des Handels vor, die speziell auf die Zusatzbedingungen und wichtige Fakten wie etwa die vertragsmäßig garantierte zulässige Gesamtmasse, Achslasten und Garantien beinhalten. Dennoch der Tipp: Vertrag in Ruhe, ggf. zu Hause mit mehreren Vertrauten studieren, die Check-Liste abgleichen, ein seriöser Händler hält sein »Superangebot« sicher ein paar Tage offen.

Beim Vertragsabschluss sollten folgende wichtige Punkte beachtet werden:

1. Jeden Zeitdruck beim Kauf vermeiden, sich in Ruhe informieren (- lassen). Spontankäufe und angebliche Schnäppchen können teuer werden. Wenn möglich, wegen Service und Betreuung einen Händler vor Ort aussuchen. Eine Bedenkzeit nutzen, Kauf überschlafen: Vertrag vor der Unterschrift mit nach Hause nehmen und genau durcharbeiten.

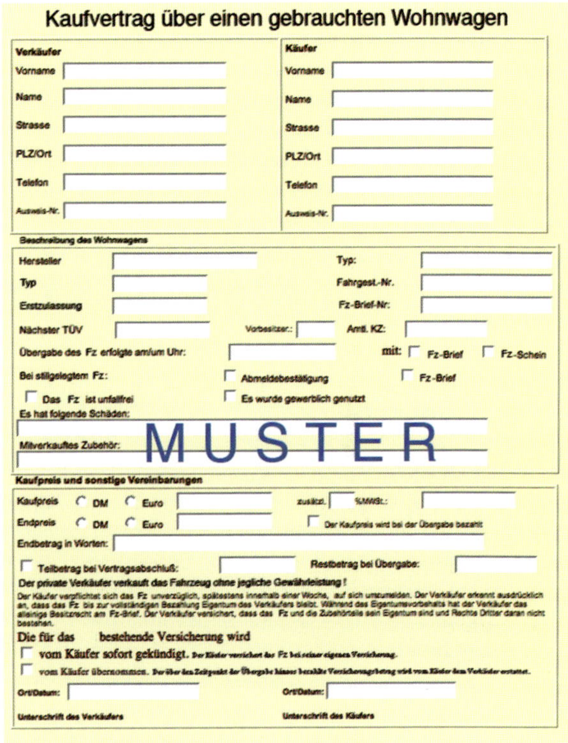

Kaufvertrag über einen gebrauchten Wohnwagen

Verkäufer
Vorname
Name
Strasse
PLZ/Ort
Telefon
Ausweis-Nr.

Käufer
Vorname
Name
Strasse
PLZ/Ort
Telefon
Ausweis-Nr.

Beschreibung des Wohnwagens
Hersteller | Typ:
Typ | Fahrgest.-Nr.
Erstzulassung | Fz-Brief-Nr.:
Nächster TÜV | Vorbesitzer.: | Amtl. KZ:
Übergabe des Fz erfolgte am/um Uhr: | mit: Fz-Brief | Fz-Schein
Bei stillgelegtem Fz: | Abmeldebestätigung | Fz-Brief
Das Fz ist unfallfrei | Es wurde gewerblich genutzt
Es hat folgende Schäden:
Mitverkauftes Zubehör:

MUSTER

Kaufpreis und sonstige Vereinbarungen
Kaufpreis DM Euro | zusätzl. %MWSt.:
Endpreis DM Euro | Der Kaufpreis wird bei der Übergabe bezahlt
Endbetrag in Worten:
Teilbetrag bei Vertragsabschluß: | Restbetrag bei Übergabe:
Der private Verkäufer verkauft das Fahrzeug ohne jegliche Gewährleistung !
Der Käufer verpflichtet sich das Fz unverzüglich, spätestens innerhalb einer Woche, auf sich umzumelden. Der Verkäufer erkennt ausdrücklich an, dass das Fz bis zur vollständigen Bezahlung Eigentum des Verkäufers bleibt. Während des Eigentumsvorbehalts hat der Verkäufer das alleinige Besitzrecht am Fz-Brief. Der Verkäufer versichert, dass das Fz und die Zubehörteile sein Eigentum sind und Rechte Dritter daran nicht bestehen.
Die für das bestehende Versicherung wird
vom Käufer sofort gekündigt. Der Käufer versichert das Fz bei seiner eigenen Versicherung.
vom Käufer übernommen. Der über den Zeitpunkt der Übergabe hinaus bezahlte Versicherungsbetrag wird vom Käufer dem Verkäufer erstattet.
Ort/Datum: | Ort/Datum:
Unterschrift des Verkäufers | Unterschrift des Käufers

Ob neu oder gebraucht: Ein ausführlicher Kaufvertrag bringt Sicherheit für Käufer und Verkäufer.

2. Bei Abschluss des Kaufvertrages und beim Abholen des neuen Urlaubsgefährtes sollte eine fachkundige Person anwesend sein, die ggf. als Zeuge fungieren kann.

3. Jedes besprochene Detail im Kaufvertrag festhalten. Beim Caravan ist der Begriff »Serienausstattung« nicht so genau gefasst wie bei einem PKW. Selbst Handtuchhaken können bei einem 8.000,- teuren Wohnwagen zur Sonderausstattung gehören. Alles, was der neue Caravan haben soll, muss in den Kaufvertrag geschrieben werden, auch wenn der Verkäufer alles als

»serienmäßig« abtut. Ein penibel erstellter Kaufvertrag, der selbstverständlich auch eine geleistete Anzahlung dokumentiert oder Zahlungsmodalitäten und den Preis oder die Art der Finanzierung enthält, kann dick gefüllte Ordner mit Prozessakten und jede Menge Ärger ersparen.

4. Der Kaufvertrag sollte mit dem Satz enden: - »Dem Kaufvertrag liegen der Prospekt Nr. ..., die Ausstattungs- und Preisliste Nr. ... sowie das besichtigte Fahrzeug mit der Fahrgestell-Nr. ... zugrunde. Technische und optische Abweichungen bedürfen der schriftlichen Genehmigung durch den Käufer.«

5. Beim Abholen das Fahrzeug zusammen mit der Vertrauensperson genauestens inspizieren. Und zwar komplett den versprochenen und abgemachten Vertragszustand überprüfen. Dazu gehört auch ein Besuch des Daches (Hagelschäden!) oder genaue Blicke unter den Caravan. Ein Blick auf die DOT-Nummer (z.B. DOT 103 = Herstellungszeit 10. Woche 2003) der Reifen kann das ungefähre Herstellungsdatum preisgeben. Caravans haben keinen Kilometerzähler - Vorsicht vor Haldenfahrzeugen! Nach neuester Rechsprechung des BGH gilt ein Fahrzeug nur bis ein Jahr ab Fabrikationsdatum als Neufahrzeug. Die Abnahme eines Caravans kann, auch wenn der einweisende Händler drängt, gut einen halben Tag dauern. Sinngemäß gelten diese Tipps auch für Gebrauchte.

6. Jede Abweichung von zugesicherten Eigenschaften schriftlich festhalten und sich vom Verkäufer gegenzeichnen lassen.

7. Sollten gravierende Mängeln festgestellt werden, dann die Abnahme verweigern, auch dann, wenn ein geplanter Urlaub dadurch gefährdet wird. Achtung: Dem Händler steht nach § 326 BGB eine Entschädigung bei nicht begründeter Abnahmeverweigerung zu. Will der Händler die Abnahme eines mangelhaften Fahrzeuges erzwingen, müsste er klagen und die bei einer eventuellen Wandlung anstehenden Kosten gehen erst einmal zu seinen Lasten.

8. Sicher ist sicher, vorbeugen noch besser, wenn eine Rechtschutzversicherung besteht, vor dem Kauf nachfragen, ob Rechtsstreitigkeiten aus Kaufverträgen in der Police enthalten sind, ggf. die Police vorher erweitern lassen.

9. Auf eine umfassende Einweisung des Caravans mit allen Funktionen und Geräten bestehen und bei Unklarheiten ständig nachfragen, auch wenn die Frage noch so dumm erscheint. Fehlbedienungen und Ärger können damit verhindert werden.

10. Überprüfen, ob alle erforderlich Anleitungen und Garantieurkunden vom Fahrzeug und

Auch beim Caravan sind Inspektionen als Teil der Gewährleistungsvereinbarung vorgeschrieben. Regelmäßig, d. h. alle zwei Jahre oder mindestens einmal muss ein Caravan je nach Hersteller während der Gewährleistungsfrist eine »große« Inspektion beim Händler oder einer Werksniederlassung absolvieren. Innerhalb der ersten fünf Jahre muss der Caravan jedes Jahr zur Dichtigkeitsprüfung im Rahmen der Dichtigkeitsgarantie. Werden die vereinbarten Inspektionen nicht eingehalten, kann der Hersteller die Gewährleistung in bestimmten Teilen oder komplett versagen.

Kleine Mängel müssen aber nicht bei Gericht landen

Kann ein Mangel nicht zufrieden stellend beseitigt werden, sollte es zur Sicherung der Rechte zu einer Mängelrüge beim Händler kommen. Voraussetzung ist natürlich, dass man das Kleingedruckte in seinem Vertrag genauestens nachgelesen hat. Da gibt es nämlich ein weiteres Gesetz mit dem wohlklin-

Info-Kasten

Gewährleistung und Garantie werden häufig verwechselt, sind aber grundverschiedene Umstände

Gewährleistung beim Gebrauchsgüterkauf bezieht sich auf die Mängelfreiheit der Sache. Sie ist gesetzlich festgeschrieben, gilt zwei Jahre und ist bei Neufahrzeugen nicht abänderbar.

Garantie ist eine freiwillige Leistung von Hersteller oder Händler. Sie ist in Ausführung und Zeit frei formulierbar und kann an bestimmte Bedingungen geknüpft werden wie regelmäßige Inspektionen.

In der Regel gelten folgende Gewährleistungsfristen bei Neufahrzeugen:

1.	Dichtigkeit Aufbau	2-10 Jahre
2.	Fahrgestell	2 Jahre
3.	Möbelbau	3 Jahre
4.	technische Geräte wie Heizung, Kocher / Backofen Kühlschrank, Toilette, Wasseranlage / Pumpe	2 Jahre
5.	Zubehör	2 Jahre

genden Namen »Gesetz zur Regelung des Rechts der Allgemeinen Geschäftsbedingungen«. Diesen Anforderungen muss das Kleingedruckte in den Geschäftsbedingungen der Hersteller entsprechen. Fehlen dort markante Passagen, kann der Vertrag ohnehin angefochten werden. Die Mängelrüge ist im Amtsdeutsch »...die Anzeige des Käufers, dass die gelieferte Ware einen Sachmangel aufweist...« Sie begründet den Anspruch des Käufers auf Gewährleistung. Vorsicht: Der aufgetretene Mangel muss vom Käufer innerhalb zwei Monaten angemeldet werden. Ausnahme ist eine arglistige Täuschung. Hier beträgt die Verjährungsfrist nach neuester Rechtsprechung 30 Jahre. Bindendes Recht und damit meist auch in den Kaufverträgen als zwingende Klausel zu finden ist die Notwendigkeit der sogenannten Nachbesserung. Sie ist Voraussetzung für weitere Rechtsschritte und räumt dem Hersteller / Händler eine Möglichkeit zur unentgeltlichen Nachbesserung der Mängel ein. Allerdings kann der Verkäufer die vom Käufer gewählte Art der Nachbesserung zur Beseitigung des Mangels ablehnen, wenn »... die Nacherfüllung nur mit unverhältnismäßig hohen Kosten verbunden ist...« (z. B. geforderte Gesamtlackierung bei kleiner Beule). Schafft der Verkäufer die zufrieden stellende Nachbesserung nicht, lässt das Gesetz (§ 462 BGB) drei frei wählbare Möglichkeiten nach **zwei** fehlgeschlagenen Versuchen der Nachbesserung zu:

1. Minderung des Kaufpreises – Preisnachlass
2. unentgeltliche Ersatzlieferung – neues Fahrzeug
3. Wandlung des Vertrages – Rücktritt vom Kauf abzüglich der Wertminderung durch den Käufer

Dazu kommt ein Schadensersatz – Aufwendungen wie Reise- und Telefonkosten hat der Verkäufer zu vertreten

Dennoch, etwas mehr an Toleranz sollte im »Klageland Nr. 1« Deutschland bei kleinen Fehler am neuen Caravan einkehren. Keine Diskussion gibt es über die Tatsache, dass man für sein sauer verdientes Geld auch eine vertragsgemäße Ware, also einen einwandfreien Caravan übernehmen möchte. Dennoch, der Caravanbau ist noch weitgehend industrielle Handarbeit, hier gelten andere Regeln und Toleranzen als im hochprofessionellen, robotergestützten PKW-Bau. Also bei allem berechtigten Frust über Murks am so teuren Wagen sollte man immer versuchen, eine einvernehmliche Regelung ohne den Gang zu Anwalt und Gericht zu treffen. Denn alle Hersteller und Händler sind normalerweise ehrlich bemüht, den Kunden zufrieden zu stellen, auch nach dem Kauf. Dazu kommt, dass der Streitwert, der sich aus dem Kaufpreis des Wohnwagens errechnet, doch recht beachtlich ist und somit zu hohen Anwalts- und Gerichtskosten führen kann.

Neue Hauptuntersuchung sowie eine gerade erfolgte Gasprüfung können auf einen technisch optimalen Zustand hindeuten.

Checkliste Gebrauchtfahrzeug

- **Kupplung, Stecker, Deichselstützrad**
  Zustand und Funktion prüfen. Korrosion im Stecker wird nicht sofort bemerkt. Sicherungsseil ok? Faltenbalg der Auflaufvorrichtung dicht, Ggf. Kontrolle Schlingerdämpfer, Verschleißkontrolle Reibelemente, Diebstahlsicherung ok?
- **Reifenhalter, Reifenzustand**
  Reicht die Profiltiefe noch aus, min. 1,6 mm? Sind Reifen mit ausreichender Tragfähigkeit montiert (Angaben im Fahrzeugschein). Reifen überaltert? DOT-Nummer prüfen.
- **Bremsen**
  Beläge, Funktion Handbremse, Funktionsprüfung der Auflaufeinrichtung und der Rückfahrfunktion.
- **Kurbelstützen**
  Funktionsprüfung. Rost, Gewindespindel, geschmiert, Kurbel vorhanden?
- **Elektrik, Beleuchtung**
  Funktionsprüfung. Feuchtigkeit in den Leuchten, Reflektoren korrodiert?
- **Aufbau**
  Aufbau ohne Dellen und Kratzer?
  Kunststoff-Anbauteile ohne Risse?
  Alufraß im Stucco-Blech (kleine Löcher im Alublech)?
  Unfallschäden? Sind Reparaturen sichtbar, wurden diese sachgemäß ausgeführt? Auf Dichtheit kontrollieren!
  Dichtprofile festsitzend und dicht?
- **Spannungsrisse**
  Der Bereich oberhalb der Eingangstür an der Vorzeltleuchte gilt bei frühen Modellen als Schwachstelle.
- **Anbauteile**
  Bugkasten ohne Beschädigung, dicht, Reserveradhalterung ok. Gasflaschenhalterung ok, Entlüftung ok?, Antennen, Entlüftungen generell: alle Durchbrüche der Außenhaut auf Dichtheit prüfen. Wassereinfüllstutzen dicht und abschließbar?
  Elektro-Einspeisung gangbar und in Ordnung?
  Ggf. Heckleiter und Dachgalerie festsitzend, Leiter verriegelt?
  Reserverad prüfen, Profiltiefe, Luftdruck, Halterung, Befestigung
- **Rangiergriffe**
  An lockeren Griffen dringt Feuchtigkeit ein, sie können aber wieder fixiert und abgedichtet werden.
- **Fenster, Klappen und Tür**
  Klappen und Tür auf Dichtheit prüfen.
  Schlösser gangbar, alle Schlüssel mit Reserve vorhanden?

Fenster dichtschließend und gangbar,
Scheiben in Ordnung, ohne Risse und Kratzer?
Zustand der Dichtungen, Scharniere und Verschlüsse prüfen, Rollos und Fliegengitter prüfen

- **Dachhauben und Pilzlüfter**
  Dach-Luken, Oberlichter, Heki dichtschließend und ohne Risse, Feuchtigkeit am Innenrahmen?
  Dichtungen und Funktion überprüfen
- **Unterboden**
  Außenkanten auf Schäden und Fäulnis absuchen (Dichtheit). Holzboden abklopfen, auf dumpfen Klang und weiche Stellen achten.
  Fahrgestell Korrosion, Verschmutzung, Schmierplan, Federung / Stoßdämpfer ok? Bremsseile Sichtprüfung Rost
- **Innenraum**
  Feuchtigkeit? Alle Ecken und Kanten prüfen, dabei auch in Bettkästen und Schränke schauen. Weiche Stellen suchen, gegen Wände und Bodenbelag drücken. Auf Folgeschäden achten, auf moderigen Fäulnisgeruch, auf Stockflecken oder Verfärbungen an Teppichen oder Wandverkleidungen.
  Tischgestell und Absenkmechanik in Ordnung und gangbar?
  Tischbefestigung am Boden vorhanden und gangbar?
  Infobord in allen Funktionen und Anzeigen in Ordnung?
  Beleuchtung und Schalter funktionsfähig?
  Gasprüfung laut Checkliste durchgeführt?
- **Polster, Betten und Roste**
  Zustand prüfen, Sitz und Liegeprobe. Bezüge sauber und in gutem Zustand? Stockflecken vorhanden?
  Innenvlies schon bröselig?
  Brettverbreiterung gangbar und fest, Zusatzpolster vorhanden,
  Lattenroste der Festbetten in Ordnung, ggf. Aufstellmechanismus gangbar?
  Absturzsicherung an Stockbetten in Ordnung?
- **Schränke, Dachstaukästen und Schubladen**
  Zustand, Funktion von Scharnieren, Verschlüssen und Aufststellern prüfen
- **Sanitärraum**
  Feuchtigkeit, Schimmel, Modergeruch, weiche Stellen vorhanden?
  Armaturen Sanitärraum funktionsfähig und dicht?
  Duschabtrennung funktionsfähig, ohne Risse?
  Fahrtsicherung in Ordnung?
  Verfugung des Sanitärraums in Ordnung?
  Cassetten-WC funktionsfähig, Cassette geleert, Tank gefüllt,
  Spiegel, Toilettenschrank festsitzend und nicht beschädigt?
  Abläufe ok, Verschlüsse vorhanden und dicht?
- **Küche**
  Zustand und Funktion von Spüle, Herd und Kühlschrank prüfen.
  Herd zündet an allen Brennern, Zündsicherung in Ordnung
  Herdabdeckung und Flammenschutz funktionssicher
  Kühlschrank funktionsfähig?
  Innenverkleidung ohne Risse und sauber?
  Ggf. 2. Wasseranlage Küche überprüfen, Kanister sauber, Tauchpumpe schaltbar? Armatur dicht und ok?
- **Wassersystem**
  Funktionieren alle Armaturen, arbeitet ein vorhandener Boiler? Sind die Frisch- und Abwasser-Anschlüsse in Ordnung und dicht, Schlauchschellen fest angezogen? Verursacht die Pumpe ungewöhnliche Geräusche?
- **Heizung**
  Funktion prüfen. Wurde die Gasanlage regelmäßig überprüft? Kamin in Ordnung, Zuluft ok, Heizpatrone 230 V ok?
  Bei Warmwasserheizung Wasserstand und Frostschutz prüfen, Anlage entlüften
  Frostschutz Boiler funktionsfähig, Entleerventile dicht?
- **Warmluftverteilung**
  Arbeitet das Gebläse? Sind die Luftführungsschläuche in Ordnung (keine Risse oder Knicke), alle Austrittsöffnungen angeschlossen?

Die Klassen und ihre typischen Vertreter

Die Typenvielfalt bei den Caravans macht eine Klassifizierung nicht einfach. Die Grenzen sind offen, die Kriterien für eine starre Einteilung ebenfalls. Deshalb kann und will die Auflistung der typischen Vertreter einer der im Folgenden definierten Klassen in deren Rahmen nur willkürlich sein. Es ist ohne Weiteres möglich, in der Kompaktklasse einen Luxuswagen zu ergattern, der mit allem ausgestattet ist, was das Herz begehrt, während in der Luxusklasse, die sich hauptsächlich durch schiere Größe und Tandemachse definiert, ein volkstümlicher Wagen aufgeführt ist, der durchaus familiengeeignet und nicht nur luxuriös ist.

Klapper und Falter

Diese langsam aussterbende Klasse bildete lange Zeit den Übergang vom Zelt zum Wohnwagen. Die Vertreter der Falter sind mehr oder weniger einfach und schnell aufzustellen, bei keinem dauert dies länger als der Aufbau eines geräumigen Vorzelts an einen Festcaravan. Die Platzverhältnisse sind bei den Faltern großzügig, die Wettereignung eingeschränkt.
Anders die Klapper, hier bleibt die Grundfläche in Fahrt- und Wohnstellung gleich, es ändert sich lediglich die Höhe, die im Fahrbetrieb den Luftwiderstand senkt und die Übersicht steigert.

Hubdachwagen

Ähnlich wie die Klapper sind die Hubdachwagen in Fahrtstellung niedriger als in Wohnstellung. Sie sind aber auch mit abgesenktem Dach wohnbereit, wenn auch mit eingeschränkter Höhe.

Kompaktklasse

Mit der Kompaktklasse beginnen die herkömmlichen Caravans. Diese Klasse zeichnet sich aus durch geringes Gewicht und können dadurch auch von kleinen Zugwagen bewegt werden.

Mittelklasse und Oberklasse

Hier sind die Übergänge sowohl im Gewicht als

auch in der Länge fließend. Die Vertreter beider Klassen sind echte Urlaubswagen mit Schwerpunkt Wohnen und trotzdem guten Fahreigenschaften.

Luxusklasse

Wie wird Luxus definiert? Geht man davon aus, dass die Vertreter dieser Klasse überwiegend als Standcaravans genutzt werden oder zu einem Langzeitaufenthalt, kann man Luxus mit Größe und ausreichend Wohnraum darstellen. Diese Klasse benötigt einen großen Zugwagen mit ausreichender Anhängelast und einen geübten Fahrer.

Die Urmutter der niederländischen Mobilität ist der Alpenkreuzer. Jedes Kind kennt seit 40 Jahren den Namen Alpenkreuzer im Land des Käses und der Windmühlen, gilt der DDR-Import doch als Inbegriff der preisgünstigen Camping-Kultur. Der Alpenkreuzer hieß in der DDR Klappfix und sollte im kapitalistischen Feindesland harte Devisen requirieren. So wurde aus dem Klappfix aus den VEB-Hallen bei Großenhahn nach Entwürfen der Niederländer der Alpenkreuzer im niederländischen Sliedrecht. Der Alpenkreuzer wurde zu einem unschlagbaren Preis angeboten, da der Export nach Holland durch mächtige Subventionen seitens des DDR-Außenhandelsamtes gestützt wurde. De facto legte der real exsistierende Sozialismus an jedem exportierten Stück drauf, um an Devisen zu gelangen. Nach der Wende wurde die Firma Alpenkreuzer vom niederländischen Importeur John Groenwald gekauft, die Fahrzeuge, drei Modellreihen, wurden noch am Stammwerk im Osten Deutschlands gebaut und montiert. Mitte 2004 musste Alpenkreuzer nach fast 50 Jahre Produktionszeit in Sliedrecht Konkurs anmelden und seine 11 Mitarbeiter entlassen. Die Firma Stema im sächsischen Großenhain, die bisher den Unterbau des Alpenkreuzers gebaut hatte, hat die Markenrechte an Alpenkreuzer erworben und will den Hänger Gerüchten zufolge weiterproduzieren.

Baureihe Alpenkreuzer Multicamper

Wohnraum aus der Kiste: Aus dem kleinen Alpenkreuzer Multicamper werden ruckzuck 18 qm Wohnfläche.

Alpenkreuzer: Kompakt auf Reisen, größzügig als aufgebaute Zeltburg.

- + preiswert
- + gutmütige Nachlaufeigenschaften trotz Gummifederachse
- + Relativ gute Serienausstatttung
- + geringe Gesamtmasse, gute Zuladung
- - Qualitätsniveau war schwankend
- - Konstruktionsbedingt nicht wintertauglich
- - Ersatzteilversorgung, Service

Technik-Kompass

Baureihe: Multicamper
Beispieltyp: A
Bauzeit: 1995 - 1998
Hersteller: EKS Alpenkreuzer b. v. NL-3360 Sliedrecht, www.alpenkreuzer.com
Chassis: Stahlblech Grundkasten einbrennlackiert, abnehmbare V-Deichsel, Gummifederachse
Grundrissgestaltung: Kleiner Faltcaravan für zwei Personen,
Grundrisse: Ähnlich Grundriss 1

Maße und Gewichte

Technisch zulässige Gesamtmasse kg: 450
Masse in fahrbereitem Zustand kg: 220
Abmessungen L x B x H mm: 4.850 x 1.580 x 850 / aufgeklappt 4.850 x 3.750
Aufbaulänge mm: 3.720
Wohnfläche qm: 18
Bettenmaße L x B mm: 2.000 x 1.300

Auf- / Ausbau
Liegeplätze: 2 bis 4
Kabinenbauweise: Zeltwand auf Stahlrohrgerippe
Isolierung Dach / Wand / Boden: Material Dicke in mm: Zeltwand ohne / 20
Fenster Anzahl / Ausstellfenster: -
Dachhauben: -
Möbeldekor: -
Sanitärraum: Lage / Ausstattung: -

Bordtechnik

Heizung: Option
Frisch- / Abwasser / Pumpe: 20 l / Kanister / Tauch
Gasvorrat kg: 2 x 11 kg
Bordstromversorgung / Netzgerät: 12 V, 230 V

Küchentechnik

Kocher: Gas / 3-Flammherd
Spüle: Niro-Kombination
Kühlschrank: System / Inhalt / Gefrierfach l: -

Preise

Grundpreis neu Euro / Baujahr: 2.707,- / 1998
Schwacke-Bewertung II/2006: EK brutto 850,- Euro, VK brutto 1.200,- Euro

Varianten

Keine

Mobile Ferienträume nennt der dänische Hersteller Camp-let seine Faltcaravans in der Werbung. Vier Modellreihen vom kleinen Reisefalter über den outdoor-tauglichen Falter >>Savanne<< bis hin zum Rolls-Royce unter den Faltern, den familientauglichen >>Royal<<, der es auf 18 qm Wohnfläche mit Küche, Gästezelt und Vorzelt bringt, sollen diese mobilen Ferienträume aus Dänemark erfüllen. Camplet baut seit über 40 Jahren Trailer, Pferdeanhänger und Faltcaravans. Sie gelten dank dieser langen Erfahrung und der verwendeten hochwertigen Materialien als Spitzenklasse in der Branche. Das Gutbier Camping Center in Husum betreut seit Jahrzehnten erfolgreich deutsche Kunden mit dem dänischen Qualitätsprodukt und verfügt über ein professionelles Service-Center.

Baureihe Camp-let Concorde

Einfacher Aufbau als Einseitenfalter: Der Camp-let Concorde.

Aufgebaut ergibt der Camp-let eine große Wohnfläche.

- + qualitativ hochwertige Fahrzeuge
- + gute Nachlaufeigenschaften durch extra stabile Achsen und breite Sicherheitsräder
- + einfacher Aufbau
- + gute Serienausstattung
- + deutsches Service-Center
- - konstruktionsbedingt nicht wintertauglich
- - Hochpreisprodukt

Technik-Kompass

Baureihe: Camp-let Concorde
Beispieltyp: Concorde
Bauzeit: 1992 -
Hersteller: Camp-let ApS Arnum, DK-6510 Gram, www.camplet.com
Chassis: Grundkasten GfK und Polyester , V-Deichsel, Gummifederachse, Auflaufbremse mit Rückfahrautomatik
Grundrissgestaltung: Luxusbetonter Faltcaravan für 4 Personen, Einseitenfalter mit Klappküche.
Grundrisse: Ähnlich Grundriss 1.

Maße und Gewichte

Technisch zulässige Gesamtmasse kg: 400
Masse in fahrbereitem Zustand kg: 220
Abmessungen L x B x H mm: 3.040 x 1.600 x 900 / aufgeklappt 4.000 x 490
Aufbaulänge mm: 2.180
Wohnfläche qm: 17
Bettenmaße L x B mm: 2.150 x 1.600 / 2150 x 1.600

Auf- / Ausbau

Liegeplätze: 4
Kabinenbauweise: Zeltwand über Stahlrohrgerippe
Isolierung Dach / Wand / Boden: Material Dicke In mm: Zeltwand Ohne / 20
Fenster Anzahl / Ausstellfenster:
Dachhauben: -
Möbeldekor: -
Sanitärraum: Lage / Ausstattung: -

Bordtechnik

Heizung: Option
Frisch- / Abwasser / Pumpe: 12 V mit Kanister
Gasvorrat kg: 11 kg Gaskasten Option
Bordstromversorgung / Netzgerät: 12 V, 230 V

Küchentechnik

Kocher: 2 Flamm Gas
Spüle: Niro
Kühlschrank: System / Inhalt / Gefrierfach L: -

Preise

Grundpreis Neu Euro / Baujahr: 4.622,- / 1999
Schwacke-Bewertung II/2006: EK Brutto 1.750,- Euro , VK Brutto 2.200,- Euro

Varianten

Keine

Die Holi-Day-Camp Faltcaravans werden weit über 30 Jahren vom niederländischen Caravan-Hersteller Twentse Ros Caravan B.V. In Almelo hergestellt. Alle Holi-Day-Camp Zelt-Faltwagen sind serienmäßig mit einem Vollpolyester-Wagenkasten und einem abschließbaren Vollpolyester-Deckel, ausgestattet. Obwohl die Holi-Day-Camp-Fahrzeuge mit hochwertigen Teilen bei Achsen, Bremsen und einer Alko-Kupplung sowie »Ten-Cate« Baumwoll-Zeltstoffen ausgerüstet sind, gelten diese niederländischen Faltcaravans als absolute Preisbrecher. Durch das geringe Gewicht sind sie auch bestens geeignet für kleine Zugwagen, Motorrad-Gespanne und Trikes. Besonderes Augenmerk legte man auf einen schnellen Aufbau, der auch von einer Einzelperson leicht ausgeführt werden kann. Holi-Day-Camp bietet in Deutschland zur Zeit sechs Modelle in erschiedenen Aufbaulängen für bis zu sechs Schlafplätze an und ist mit sechs Händlern hier vertreten.

Baureihe Holi-Day-Camp-Sport

Preiswertester Einstieg in den Camping-Urlaub: Ein Faltcaravan von Holi aus den Niederlanden.

Mit ein paar Handgriffen wird der Holi-Day-Camp aufgebaut.

- \+ sehr preiswert
- \+ gute Nachlaufeigenschaften, wendig, leicht
- \+ sehr schneller Aufbau
- \+ geringe Gesamtmasse, gute Zuladung
- \+ langlebig durch Voll-Polyester-Karosserie
- \- konstruktionsbedingt nicht wintertauglich
- \- Imageprobleme

Technik-Kompass

Baureihe: Holi-Day-Camp
Beispieltyp: Holi Sport
Hersteller: Holi-Day-Camp, Twentse Ros Caravan B.V. NL-7605 Almel, www.Twenteroscaravans.com
Chassis: Grundkasten und Deckel Voll-Polyester, V-Deichsel mit Alko-Kupplung, Gummifederachse
Grundrissgestaltung: Kleiner Faltcaravan für zwei Personen
Grundrisse: Ähnlich Grundriss 1.

Maße Und Gewichte

Technisch zulässige Gesamtmasse kg: 450
Masse in fahrbereitem Zustand kg: 230
Abmessungen L x B x H mm: 3.320 x 1.480 x 880 / aufgeklappt 4.240 x 1.840
Aufbaulänge mm: 2.120
Wohnfläche qm: 6,3
Bettenmaße L x B mm: 2.100 x 1.400

Auf- / Ausbau

Liegeplätze: 2
Kabinenbauweise: Zeltwand auf Stahlrohrgerippe
Isolierung Dach / Wand / Boden: Material Dicke In mm: Zeltwand Ohne / 20
Fenster Anzahl / Ausstellfenster:
Dachhauben: -
Möbeldekor: -
Sanitärraum: Lage / Ausstattung: -

Bordtechnik

Heizung: Option
Frisch- / Abwasser / Pumpe: - Option
Gasvorrat kg: 11 kg Gaskasten Option
Bordstromversorgung / Netzgerät: 12 V, 230 V

Küchentechnik

Kocher: - Option
Spüle: - Option
Kühlschrank: System / Inhalt / Gefrierfach L: -

Preise

Grundpreis Neu Euro / Baujahr: 2.401,- / 2002
Schwacke-Bewertung II/2006: EK Brutto 1.350,- Euro , VK Brutto 1.750,- Euro

Varianten

Keine

Drei Generation Holtkamp bauen seit über 70 Jahren Holtcamper Anhänger im niederländischen Emmen. Vier Modellreihen bis hin zu expeditions- und offroadtauglichen Faltcaravans bietet Holtcamper an und gehört mit seinen pfiffigen Indeen und Details sicher zu den innovativsten seiner Branche. Die Holtcamper Anhänger überzeugen von je her durch qualitativ hochwertige und haltbare Ausführungen, die auch in Off-Roadbereich mit speziellen Ausführungen ihre Liebhaber gefunden haben. So sorgt eine massive PVC-Auskleidung auf dem Stahlrohrbau des Chassis für sportliches Outfit, aber auch für hohe Haltbarkeit. Die gesamte Wagenkonstruktion ist dank Veraschraubung komplett demontierbar, was auch bei der Unterbringen zu Vorteilen führt. Weiter kann der niederländische Unternehmer Egbert Holtkamp auf ein Modell setzen, das sich auch bei Wind und Wetter leicht aufbauen läßt und dessen Vorzelt zudem keine Sicherung durch Heringe benötigt. Eine nachträgliche Zeltstoff-Imprägnierung empfiehlt Holtkamp bei seinen Produkten frühestens nach 15 Jahren Betriebszeit. In Deutschland

Baureihe Holtcamper Astro

Bis zu 19 qm Wohnraum können aus einem Holtcamper Faltcaravan werden.

Holtcamper weltweit unterwegs: Die Flyer-Expeditionstour.

- + qualitativ hochwertige, stabile Fahrzeuge mit Markenteilen
- + gute Nachlaufeigenschaften, hohe Zuladung
- + schneller Aufbau
- + umfangreiche Serienausstattung
- + gutes Image, deutsche Niederlassung mit Service
- − konstruktionsbedingt nicht Wintertauglich
- − nicht billig

Technik-Kompass

Baureihe: Holtcamper
Beispieltyp: Astro
Bauzeit: 1994 – 1995 / 2004 -
Hersteller: Holtkamp Faltcaravans GmbH Deutschland, D-49727 Haren / Ems, www.Holtcamper.de
Chassis: Alko-Chassis, Grundkasten Sandwich Holz/GfK, V-Deichsel, Gummifederachse
Grundrissgestaltung: Kleiner Reisecaravan für zwei Personen mit viel Wohnraum, Ähnlich Grundriss 1

Maße und Gewichte

Technisch zulässige Gesamtmasse kg: 750
Masse in fahrbereitem Zustand kg: 200
Abmessungen L x B x H mm: 3.500 x 1.570 x 1.020 / Einseitenklapper, aufgeklappt 4.400 x 2.100
Wohnfläche qm: 18
Aufbaulänge mm: 2.200
Bettenmaße L x B mm: 2.100 x 1.400

Auf- / Ausbau

Liegeplätze: 2
Kabinenbauweise: Zeltplane über Stahlrohrgerippe
Isolierung Dach / Wand / Boden: Material Dicke in mm: Zeltwand Ohne / 20
Fenster Anzahl / Ausstellfenster:
Dachhauben: -
Möbeldekor: -
Sanitärraum: Lage / Ausstattung: -

Bordtechnik

Heizung: Option
Frisch- / Abwasser / Pumpe: - Option
Gasvorrat kg: 11 kg
Bordstromversorgung / Netzgerät: 12 V, 230 V

Küchentechnik

Kocher: Deichselküche optional
Spüle: - Option
Kühlschrank: System / Inhalt / Gefrierfach l: Absorber / 45

Preise

Grundpreis Neu Euro / Baujahr: 3.576,- / 1995
Schwacke-Bewertung II/2006: EK Brutto 800,- Euro, VK Brutto 1.150,- Euro

Varianten

10 Varianten bis hin zur Offroad-Ausführung Astro Expedition

Nicht nur im Ursprungsland Frankreich, auch in Deutschland rangieren die Faltcaravans von Trigano eindeutig an erster Stelle der Verkaufsstatistiken. Das hat seinen Grund: Die Trigano-Hänger gehören dank hochwertiger Qualität zu den langlebigen und stabilen ihrer Gattung und sind schon in Serie durchweg reisefertig ausgestattet. Das hat natürlich auch seinen Preis, denn in allen Modellreihen nehmen die französichen Multitalente auch beim Thema Bezahlen einen Spitzenplatz ein. Die Trigano Faltcaravans sind sogenannte Doppelfalter, das heißt von Grundkasten wird zum Aufbau sowohl ein Teil nach links wie auch nach rechts ausgefaltet, was sie im Stand zu sehr stabilen Behausungen macht. In Deutschland bietet seit über 40 Jahren die Firma SK Camping in Polch die Trigano-Falter als Generalimporteur an, die in einer Auswahl von acht Modellen von 2 bis 7 Personen-Fahrzeugen angeboten werden.

Baureihe Trigano Cheverny

Die Trigano Falter gelten als preisstabil, langlebig und komfortabel.

Aufgebaut wird der kleine Hänger zur großen Zeltburg

- + qualitativ hochwertige Fahrzeuge
- + gute Nachlaufeigenschaften
- + einfacher Aufbau
- + vollständige Serienausstattung
- + langlebig durch PVC-Profilbauweise des Grundkastens
- - konstruktionsbedingt nicht wintertauglich
- - nicht billig

Technik-Kompass

Baureihe: Trigano Cheverny
Beispieltyp: Cheverny
Hersteller: Trigano Deutschland, D-48231 Warendorf, www.trigano.it
Chassis: Grundkasten Profile und PVC , V-Deichsel, Gummifederachse, Auflaufbremse mit Rückfahrautomatik
Grundrissgestaltung: Großer Faltcaravan für 4 - 6 Personen, Doppelfalter
Grundrisse: Ähnlich Grundriss 1.

Maße und Gewichte

Technisch zulässige Gesamtmasse kg: 500
Masse in fahrbereitem Zustand kg: 310
Abmessungen L x B x H mm: 3.830 x 1.400 x 1.130 / aufgeklappt 4.250 x 616
Aufbaulänge mm: 2.580
Wohnfläche qm: 25, Verandavozelt
Bettenmaße L x B mm: 2.050 x 1.530 / 2050 x 1.400

Auf- / Ausbau

Liegeplätze: 4-6
Kabinenbauweise: Zeltplane über Stahlrohrgerippe
Isolierung Dach / Wand / Boden: Material Dicke in mm: Zeltwand Ohne / 20
Fenster Anzahl / Ausstellfenster:
Dachhauben: -
Möbeldekor: -
Sanitärraum: Lage / Ausstattung: -

Bordtechnik

Heizung: Option
Frisch- / Abwasser / Pumpe: - Option
Gasvorrat kg: 11 kg Gaskasten Option
Bordstromversorgung / Netzgerät: 12 V, 230 V

Küchentechnik

Kocher: - Option
Spüle: - Option
Kühlschrank: System / Inhalt / Gefrierfach L: -

Preise

Grundpreis Neu Euro / Baujahr: 4.250,- / 1998
Schwacke-Bewertung II/2006: EK Brutto 1.900,- Euro, VK Brutto 2.350,- Euro

Varianten

Keine

Über 40 Jahren stellte Esterel kompakte Wohnwagen her, das bringt Erfahrungen, die so kein anderer Hersteller von Klappwohnwagen in diesem Bereich anbieten konnte. 18 Modellvarianten in verschiedenen Aufbaulängen hatte Esterel für seine »Klapper« im Angebot. Leider wurde bei Esterel die Produktion von Wohnwagen im Jahr 2001 eingestellt, so dass die gebrauchten Klappcaravans zu gesuchten Schnäppchen geworden sind. Bis dahin hatte Esterel im Werk Angers weit mehr als 80.000 Klappwohnwagen gebaut. Esterel ist jetzt ein Spezialist für Reisemobile der Oberklasse mit Aluminiumrahmen und gehört seit 1993 zur Rapido-Gruppe. Die Rapido Unternehmensgruppe, heute unter dem Dach des französischen Multi Trigano, beschäftigt 450 Mitarbeiter und tätigt einen Umsatz von ca. 120 Millionen Euros. Die Klappcaravans von Esterel wurde über 25 Jahre lang von den Gugelwerken GmbH in Freiburg importiert, die heute noch die Ersatzteilversorgung und den Gebrauchtfahrzeughandel betreuen, aber Anfang 2007 ihre Pforten schließen werden. Die Esterel Klapper verbinden als Kompromiss durch ihre flache Bauweise sicheres, entspanntes und – heute besonders wichtig – kraftstoffsparendes - Fahren mit den Vorzügen eines starren Wohnwagens, wenn sie aufgeklappt sind. Sie sind bekannt durch langlebige Bauweise und gute Qualität, die sie zu gesuchten Gebrauchtfahrzeugen machen.

- \+ Langlebiger, qualitativ hochwertiger Sandwich-Aufbau mit GFK-Formteilen
- \+ Sehr gute Nachlaufeigenschaften
- \+ Ausbau gut verarbeitet
- \+ Gesuchtes, ausgereiftes Gebrauchtmodell
- \- Geringe Zuladung
- \- Bedingte Wintereignung, Heizung war Option
- \- Ersatzteilversorgung

Baureihe Esterel Top Volume

Aufgeklappt bietet der Klappcaravan ähnlichen Komfort wie ein starrer Caravan.

In Fahrstellung sind Klappcaravans übersichtlich und einfach zu fahren.

Technik-Kompass

Baureihe: Top Volume
Beispieltyp: TV 39 CDL
Bauzeit: 1992 - 2001
Hersteller: Esterel S- A. F-Angers
Chassis: FTF-Drehstabfeder
Grundrissgestaltung: Reisecaravan für die kleine Familie
Grundrisse: Ähnlich Grundriss 1.

Maße und Gewichte

Technisch zulässige Gesamtmasse kg: 950
Masse in fahrbereitem Zustand kg: 710
Abmessungen L x B x H mm: 5.160 x 2.090 x 1.500 / aufgeklappt 2.350
Aufbaulänge mm: 3.740
Bettenmaße L x B mm: 1.940 x 1.400 / 1.940 x 900

Auf- / Ausbau

Liegeplätze: 3-4
Kabinenbauweise:
Isolierung Dach / Wand / Boden: Material Dicke in mm: 10 / 10 / 30
Fenster Anzahl / Ausstellfenster: 4
Dachhauben: 1
Möbeldekor: Teak
Sanitärraum: Lage / Ausstattung: Mitte links / Waschraum mit Waschbecken Thetford Cassetten-Toilette

Bordtechnik

Heizung: Truma SW 2200 (Option)
Frisch- / Abwasser / Pumpe: 20 l / Kanister / Tauch
Gasvorrat kg: 2 x 11 kg Deichselkasten
Bordstromversorgung / Netzgerät: 12 V, 230 V, Umformer

Küchentechnik

Kocher: Gas / 2-Flammherd
Spüle: Niro-Kombination
Kühlschrank: System / Inhalt / Gefrierfach l: Absorber / 60 l / -

Preise

Grundpreis neu Euro / Baujahr: 12.145,- / 2001
Schwacke-Bewertung II/2006: EK brutto 4.900,- Euro, VK brutto 5.700,- Euro

Varianten

12 Modelle in unterschiedlichen Aufbaulängen vom 3.400 bis 3.900 mm.

Die Reisewagen der Touring-Baureihe sind unverwüstlich und seit einem halben Jahrhundert in nahezu unveränderter Grundform im Programm. Die ersten Puck-Modelle haben inzwischen Kultstatus erlangt. Ihr stabiler Aufbau mit verzinktem Stahlrohrgerippe mit Alu-Hammerschlagblech außen und Polystyrolisolierung ist widerstandsfähig, verlangt aber Kontrolle nach Alufraß im Bereich der Außenhaut. Die Ersatzteilversorgung klappt auch bei den alten Modellen noch einwandfrei, wenn auch nicht billig. Dies gilt besonders für die Zeltplane des Hubdachs, deren Austausch einen ziemlichen Arbeitsaufwand benötigt. Das Grundkonzept des idealen Reisewagens, niedriger Querschnitt während der Fahrt mit geringem Luftwiderstand, verbunden mit ausreichend Bewegungsfläche und Innenhöhe im Stand erfüllen alle Modelle der Baureihe Touring mit Bravour. Die Grundrisse reichen vom sparsamen Zweipersonenwagen mit umbaubarer Läangssitzgruppe, Heckküche und Kleiderschrank bis zum Modell mit Festbett, Sanitärraum und L-Sitzgruppe. Die Ausstattung aller Modelle ist ausreichend und komplett.

Baureihe Hymer Eriba Touring

Klassiker mit Kultstatus: Die Eriba Touring-Modelle von Hymer sind nach über 50 Jahren Bauzeit immer noch gefragt.

Aerodynamisch günstiger Aufbau, kompakte Abmessungen und unübertroffene Fahreigenschaften zeichnen die Touring-Baureihe aus.

- + Große Auswahl an Grundrisslösungen und Längen
- + Ausreichend komplette Ausstattung
- + Gutmütige Fahreigenschaften
- + Langlebiges Fahrzeuge mit geringem Wertverlust
- - Hohe Anschaffungskosten und geringer Wertverlust, damit hohe Gebrauchtwagenpreise
- - Hohe Ersatzteilkosten
- - Bauartbedingt niedrige Einstiegshöhe und geringe Winterfestigkeit
- - Drei Auslaufstellen für Abwasser im Boden.

Technik-Kompass

Baureihe: Hymer Eriba Touring
Beispieltyp: Troll LMT
Hersteller: Hymer AG
Chassis: Al-Ko-Leichtbauchassis mit Al-Ko Längslenker-Achse gummigefedert, Rohrdeichsel, Stoßdämpfer
Grundrissgestaltung: Reisewagen
Grundrisse: Ähnlich Grundriss 2. Viele weitere Grundrisse 2 bis 10 im Angebot.

Maße und Gewichte

Technisch zulässige Gesamtmasse kg: 1.000
Masse in fahrbereitem Zustand kg: 840
Abmessungen L x B x H mm: 5.630 x 2.000 x 2.200
Aufbaulänge mm: 4.650
Bettenmaße L x B mm: Heck-Längsdoppelbett 1.900 x 1.880, Bugbett 1.880 x 700

Auf- / Ausbau

Sitz- / Liegeplätze: 8 / 3
Kabinenbauweise: Wände PUAL-Bauweise mit tragendem Stahlrohrgerüst und Hammerschlagblech, teilweise je nach Modell und Baujahr Glattblech. Dach GfK mit Stoff-Seitenwänden
Isolierung Dach / Wand / Boden: Material Dicke in mm: Polystyrol / 26 / 22 / Styropor
Fenster Anzahl / Ausstellfenster: 7 / 7
Dachhauben: 1 Dachlüfter
Möbeldekor: Kirsche oder Buche
Sanitärraum: Lage / Ausstattung: Mitte links / Duschwanne, Waschbecken, Cassetten-Banktoilette, Spiegelschrank

Bordtechnik

Heizung: Trumatic 3002 mit Warmluftanlage
Frisch- / Abwasser / Pumpe: Tank 40 l / - /, Tauchpumpe
Gasvorrat kg: 2 x 11 kg
Bordstromversorgung / Netzgerät: Umformer 12 V 170 W, Leuchten 12 V und Kombi 12 / 230 V

Küchentechnik

Kocher: Gas / Dreiflammenkocher Edelstahl mit Flammschutz und Abdeckung
Spüle: Edelstahl mit Abtropffläche
Kühlschrank: System / Inhalt / Gefrierfach l: Absorber / 70 l mit integriertem Gefrierfach 5 l

Preise

Grundpreis neu Euro / Baujahr: 12.990,- / 2001
Schwacke-Bewertung II/2006: EK brutto 5.350,- Euro, VK brutto 6.200,- Euro

Varianten

Die Baureihe Touring umfasst insgesamt 49 unterschiedliche Modelle und Grundrisse von 2.980 bis 4.710 mm

Kein Billigprodukt stellen die Hubdachwagen des holländischen Herstellers Kip dar, sie sind solide gefertigt und haben dank Alko-Schräglenkerachse mit Stoßdämpfern beste Laufeigenschaften. Konsequenterweise sehen die Holländer eine Heizung serienmäßig nicht vor, die Stoffbahnen des Hubdachs schließen Wintercamping sowieso aus. Aber an kühlen Herbstabenden wäre gerade wegen des Hubdachs eine Heizung oftmals willkommen, sie war optional erhältlich. Der Aufbau ist in typischer Bauweise mit Holzfachwerk, Styropor-Isolierung und geriffeltem Alublech, Hubdach und Bug aus doppelschaligem, ausgeschäumtem GfK. Der Innenraum präsentiert sich hell und freundlich durch weiße Möbel, abgesetzt mit Buchedekor silbergrau. Die Küche ist großzügig mit Dreiflammkocher, Spüle und Abtropffläche und 55 l Absorberkühlschrank mit 5 l Gefrierfach ausgestattet. Serienmäßig findet sich im Kip ein Aktivkohle-Wasserfilter und Raum für 2 x 5 kg Gasflaschen. Der beschriebene Grundriss KK 37 hat mangels Waschraum eine riesige Liegefläche im Bug, gebildet durch Umbau der beiden Längssitzbänke, und eine kleine Dinette im Heck. Damit kann das alleinreisende Paar das bett tagsüber gemacht lassen.
Kip ist seit 2006 wieder auf dem deutschen Markt vertreten.

Baureihe Kip Kompakt

Viel Platz für das allein reisende Paar im Hubdachcaravan Kip Kompakt.

- ➕ Sehr gute Nachlaufeigenschaften
- ➕ Solide Verarbeitung und gute Ausstattung
- ➕ Funktionabler Grundriss für das alleinreisende Paar
- ➖ Serienmäßig keine Heizung
- ➖ Komplizierter Bettenbau durch zweiteiligen Tisch + Einlegeplatte
- ➖ Dünnes Händler- und Werkstattnetz in Deutschland

Technik-Kompass

Baureihe: Kip Kompakt
Beispieltyp: KK 37
Hersteller: Kip Holland
Chassis: Al-Ko-Leichbauchassis mit Schräglenkerachse, gummigefedert, Stoßdämpfer
Grundrissgestaltung: Reisewagen mit zwei Sitzgruppen, ohne Sanitärraum. Grundrisse:
Ähnlich Grundriss 5. Viele weitere Grundrisse 2 bis 10 im Angebot.

Maße und Gewichte

Technisch zulässige Gesamtmasse kg: 900
Masse in fahrbereitem Zustand kg: 725
Abmessungen L x B x H mm: 5.250 x 1.830 x 2.100
Aufbaulänge mm: 4.180
Bettenmaße L x B mm: Bugbett 1.955 x 1.700, Heckbett 1.700 x 675/565

Auf- / Ausbau

Sitz- / Liegeplätze: 8 / 3
Kabinenbauweise: Sandwich mit Holzfachwerk, Wände Aluminium geriffelt, Bug und Dach doppelschaliges GfK ausgeschäumt. Hubdach mit Stoff-Seitenwänden
Isolierung Dach / Wand / Boden: Material / Dicke in mm: Styropor / 25 / 25 / Styrofoam / 25
Fenster Anzahl / Ausstellfenster: 5 / 5
Dachhauben: 3 Lüftungsöffnungen + 1 Folienfenster im Hubdach
Möbeldekor: Buche silbergrau / weiß
Sanitärraum: Lage / Ausstattung: n.v. / Unterbringung für Porta Potti in der Sitzbank möglich

Bordtechnik

Heizung: optional Truma 2002
Frisch- / Abwasser / Pumpe: Kanister 14 l / - / Saugpumpe, Aktivkohlefilter im Frischwasserkreislauf
Gasvorrat kg: 2 x 5
Bordstromversorgung / Netzgerät: Umformer 12 V 150 W, Beleuchtung 12 V, CO-Warner

Küchentechnik

Kocher: Gas / Dreiflammenkocher Edelstahl
Spüle: Edelstahlkombination mit Restebecken und Kocher
Kühlschrank: System / Inhalt / Gefrierfach l: Absorber / 60 / 5

Preise

Grundpreis neu Euro / Baujahr: 9.177,- / 1997
Schwacke-Bewertung II/2006: EK brutto 3.250,- Euro, VK brutto 4.150,- Euro

Varianten

Bis zu acht unterschiedliche Grundrisse in gleicher Länge

Eine Sonderstellung bei den Hubdachwagen nimmt die Rapido Baureihe ein. Die Seitenwände des Hubdachs sind aus Sandwich und ermöglichen damit bedingt Wintercamping. Außerdem ist die Schalldämmung von Außengeräuschen besser als bei Wagen mit Stoff-Seitenwänden. Die Küche verschiedener Modelle ist nach außen klappbar, das ausstellbare Wandteil dabei wieder verschließbar. Damit ist Kochen im Vorzelt möglich und der Wagen trotzdem abschließbar. Mit seinen Abmessungen von 202 cm Breite und 198 cm Fahrthöhe ist er ein idealer Reisewagen mit ausreichend großem Innenraum, hat dabei trotzdem Garagenhöhe. Die Al-Ko-Drehstabfederachse verleiht ihm zusammen mit der tiefen Schwerpunktlage gute Fahreigenschaften. Der helle Innenraum mit insgesamt acht ausstellbaren Fenstern und Möbelbau in Ahorndekor ist freundlich hell und pflegeleicht. Großgewachsene stört die Stehhöhe von knappen 190 cm bei aufgestelltem Dach. Mit dem großen Dachausschnitt ist er einem Festaufbau vergleichbar, die Fenster im Dach lassen viel Licht herein und ermöglichen gute Durchlüftung. Die Baureihe Rapido firmierte seit 2003 als Trigano Rubis, seit 2006 als Trigano Silver.

Baureihe Rapido Club

Der Rapido Club war der letzte Hubdach-caravan mit festen Wänden im Hubdach auf dem Markt.

- \+ Gute Nachlaufeigenschaften durch niedrige Reisehöhe
- \+ Großer Dachausschnitt
- \+ Isolierte, feste Seitenwände im Dach
- \+ Gute Verarbeitung und Ausstattung
- \- Dach für eine Person schwierig zum Aufstellen
- \- Keine Auflastung lieferbar
- \- Auf dem Gebrauchtmarkt selten zu finden

Technik-Kompass

Baureihe: Rapido Club
Beispieltyp: Club 40 TCA
Hersteller: Rapido France S. A.
Chassis: Al-Ko-Stahlrahmen verzinkt mit Drehstabfederachse an Längslenkern, Stoßdämpfer
Grundrissgestaltung: Reisewagen mit zwei Sitzgruppen
Grundrisse: Ähnlich Grundriss 4. Viele weitere Grundrisse 2 bis 10 im Angebot.

Maße und Gewichte

Technisch zulässige Gesamtmasse kg: 950
Masse in fahrbereitem Zustand kg: 750
Abmessungen L x B x H mm: 5.150 x 2.020 x 1.980
Aufbaulänge mm: 4.280
Bettenmaße L x B mm: Bugbett 1.940 x 1.400, Heckbett 1.940 x 770

Auf- / Ausbau

Sitz- / Liegeplätze: 6 / 3
Kabinenbauweise: Selbsttragendes Sandwich, Hubdach mit festen Seitenwänden, klappbar, Alublech Hammerschlag, ab 2000 Glattblech, Dach und Bugwand GfK
Isolierung Dach / Wand / Boden: Material / Dicke in mm: Styropor 25 / 25 / 35
Fenster Anzahl / Ausstellfenster: 8 / 8
Dachhauben: 2 Zwangslüftungen
Möbeldekor: Ahorn
Sanitärraum: Lage / Ausstattung: Mitte / Duschwanne, Waschbecken, Spiegelschrank, optional Cassettentoilette

Bordtechnik

Heizung: Truma 2002
Frisch- / Abwasser / Pumpe: Kanister 20 l / - / Tauchpumpe
Gasvorrat kg: 2 x 11
Bordstromversorgung / Netzgerät: Umformer 12 V 170 W, Beleuchtung 12 V

Küchentechnik

Kocher: Gas / Dreiflammenkocher Emaille, nach außen schwenkbar zum Kochen im Vorzelt
Spüle: Emaille in Kombination mit Kocher
Kühlschrank: System / Inhalt / Gefrierfach l: Absorber / 70 / 5

Preise

Grundpreis neu Euro / Baujahr: 12.015,- / 1999
Schwacke-Bewertung II/2006: EK brutto 3.950,- Euro, VK brutto 4.600,- Euro

Varianten

Bis zu 19 unterschiedliche Grundrissen in Aufbaulängen von 3.550 bis 4.950 mm

In den Baujahren 2001 bis 2003 nennt sich die Einsteigerklasse von Adria A-Klasse. Das beschriebene Modell A 430 DK hatte den seltenen Grundriss mit einer zum Doppelbett umbaubaren Längs-Dinette im Bug und einem Etagenbett im Heck. Die Aufbauten sind sauber verarbeitet und gut abgedichtet, der Möbelbau ist für die Preisklasse sehr gut. Ausnahme hiervon sind teilweise die Möbelbeschläge, hierauf ist beim Gebrauchtkauf zu achten. Der Sanitärraum ist serienmäßig ohne Toilette, die optional angeboten war. Das Al-Ko-Chassis mit drehstabgefederter Längslenkerachse und Stoßdämpfern verspricht gute Nachlaufeigenschaften bei geringer Pendelneigung. Empfehlenswert ist die Nachrüstung eines AKS-Schlingerdämpfers, der nicht serienmäßig war.

- + Gut verarbeiteter Aufbau mit Al-Ko-Chassis
- + Reparaturkostenfreundliche Außenhaut in drei Teilen
- + Möbelbau mit guter Verarbeitung und freundlichem Design
- + Durch ehemals niedrigen Einstandspreis günstige Gebrauchtpreise
- + Durch geringe Außenbreite auch für schmale Straßen geeignet
- – Relativ Hohe Stützlast bei beladenen Sitzstaukästen vorne
- – Teilweise anfällige Beschläge an Möbeln und Deichselkasten

Baureihe Adria A-Klasse

Kompakter Reisewagen mit Rundsitzgruppe und Etagenbetten im Heck.

Kinderzimmer in Hell mit Etagenbett.

Technik-Kompass

Baureihe: Adria A-Klasse
Beispieltyp: A 430 DK
Hersteller: Adria Slowenien
Chassis: Al-Ko-Vario-Chassis, Längslenker-Einzelachse drehstabgefedert mit Stoßdämpfer
Grundrissgestaltung: Längs-Dinette, zum Doppelbett umbaubar im Bug und Etagenbett im Heck.
Grundrisse: Ähnlich Grundriss 4. Fast alle weiteren Grundrisse 2 bis 10 im Angebot.

Maße und Gewichte

Technisch zulässige Gesamtmasse kg: 1.000
Masse in fahrbereitem Zustand kg: 831
Abmessungen L x B x H mm: 5.965 x 2.070 x 2.495
Aufbaulänge mm: 4.805
Bettenmaße L x B mm: Bug 1.950 x 1.400, Heck 2 x 2.000 x 750

Auf- / Ausbau

Sitz- / Schlafplätze: 4 / 4
Kabinenbauweise: Sandwich mit Holzfachwerk, Alu glatt, Teilflächen gerippt und Hammerschlag
Isolierung Dach / Wand / Boden: Material / Dicke in mm: Styropor / 30 / 30 / 40
Fenster Anzahl / Ausstellfenster: 6 / 67
Dachhauben: 1
Möbeldekor: Erle
Sanitärraum: Lage / Ausstattung: Mitte links / Duschwanne, Eckwaschbecken mit Unterschrank, Spiegelschrank, offene Ablagen

Bordtechnik

Heizung: Truma S 3002, Warmluftgebläse 12 V, Truma Therme
Frisch- / Abwasser / Pumpe: Tank 20 l / - / Tauchpumpe
Gasvorrat kg: 2 x 11
Bordstromversorgung / Netzgerät: 12 V Umformer 170 W

Küchentechnik

Kocher: Gas / emaillierter Zweiflammenherd mit Glasabdeckung
Spüle: emaillierte Rundspüle
Kühlschrank: System / Inhalt / Gefrierfach l: Absorber / 60 / 5

Preise

Grundpreis neu Euro / Baujahr: 9.390,- / 2001
Schwacke-Bewertung II/2006: EK brutto 4.050,- Euro, VK brutto 4.700,- Euro

Varianten

Je nach Baujahr bis zu 6 Modelle unterschiedlicher Länge von 4.450 bis 5.890 mm.

Über 10 Jahre ist der Einsteigerwagen Fun schon im Angebot bei Bürstner. Mit seiner kompletten und guter Serienausstattung gilt es als Preisschlager in der Kompaktklasse. Auch mit seiner Außenbreite von 217 cm bieten die Grundrissvarianten viel Bewegungsfreiheit. Die Stehhöhe von 192 cm ist ausreichend. Eindeutiges Plus der Einsteigerbaureihe: Die beachtliche Modellviefalt, die Bürstner anbieten kann. Im Jahr 2006 wird die Fun-Baureihe nach Bürstners umfassenden Namensänderungen in die Reihe Flipper umbenannt. Der hier beschriebene Caravan 480 TK bietet in der Einsteigerbaureihe auch einen Familienwagen an. Die große U-Sitzgruppe im Bug bietet ausreichend Sitztiefe und einen großen Tisch für das Familienessen. Auch als Bett umgebaut bietet sie ausreichenden Liegekomfort. Die Etagenbetten haben Lattenroste und ein Fenster sowie einen Gasfeder unterstützten Aufsteller für den Bettkasten unter dem unteren Bett. Aus der Sitzgruppe im Heck kann ein weiteres Einzelbett gebaut werden. Die Küche ist praxisgerecht, der Dreiflammenkocher mit ausreichend Flammenabstand auch für größere Töpfe. Arbeitsfläche ist rechts neben dem mittig angeordneten Kocher gegeben. Trotz relativ kurzer Deichsel zeigt der Wagen durch Niederquerschnittsreifen gute Nachlaufeigenschaften und Fahrkomfort und gilt als idealer Reisewagen.

Baureihe Bürstner Fun

Familiengrechte Ausstattung mit zwei Stockbetten, Rundsitzgruppe und Heckdinette.

Der Bürstner Fun kann auch von leichten Zugfahrzeugen gezogen werden.

- \+ Gutes Preis- / Leistungsverhältnis ohne Billigcharakter
- \+ gelungene Innenraumaufteilung für Familien
- \+ Gute Ausstattung
- \+ zeitloses, schlichtes Außendesign
- \- geringe Zuladung
- \- Keine Fahrtsicherung des Tischs an der U-Sitzgruppe

Technik-Kompass

Baureihe: Bürstner Fun
Beispieltyp: 480 TK
Hersteller: Bürstner GmbH
Chassis: Alko Einzelachse mit Stoßdämpfern
Grundrissgestaltung: Geräumiger Familienwagen mit U-Sitzgruppe im Bug und Sitzgruppe und Längs-Einzelbetten im Heck.
Grundrisse: Ähnlich Grundriss 7. Fast alle weiteren Grundrisse 2 bis 10 im Angebot.

Maße und Gewichte

Technisch zulässige Gesamtmasse kg: 1.200, auflastbar auf 1.300
Masse in fahrbereitem Zustand kg: 950
Abmessungen L x B x H mm: 6.920 x 2.170 x 2.540
Aufbaulänge mm: 5.060
Bettenmaße L x B mm: Bug 2.000 x 1.570, Stockbett 2 x 1.890 x 780, Dinette-Einzelbett 1.890 x 680

Auf- / Ausbau

Sitz- / Schlafplätze: 6 / 5
Kabinenbauweise: Sandwich mit Holzfachwerk, Alu Hammerschlag
Isolierung Dach / Wand / Boden: Material / Dicke in mm: Styropor / 24 / 20 / 30
Fenster Anzahl / Ausstellfenster: 9 / 9
Dachhauben: 2
Möbeldekor: Buche hell
Sanitärraum: Lage / Ausstattung: mitt links / Duschwanne, Eckschrank, Eckwaschbecken, Spiegel

Bordtechnik

Heizung: Truma 3002 SL mit Warmluftgebläse 230 V
Frisch- / Abwasser / Pumpe: Tank 16 l / - / Tauchpumpe
Gasvorrat kg: 2 x 11
Bordstromversorgung / Netzgerät: 12 V Umformer 145 VA

Küchentechnik

Kocher: Gas / Dreiflammkocher kombiniert mit Spüle und Abtropffläche
Kühlschrank: System / Inhalt / Gefrierfach l: Absorber / 70 l / 6 l

Preise

Grundpreis neu Euro / Baujahr: 9.394,- / 1999
Schwacke-Bewertung II/2006: EK brutto 3.350,- Euro, VK brutto 3.900,- Euro

Varianten

Je nach Baujahr bis zu 11 Modelle unterschiedlicher Längen von 4.900 bis 5.300 mm.

Die Kompaktklasse von Eifelland kann nach der Überarbeitung zum Jahrtausendwechsel die Familienherkunft aus dem Haus Knaus Tabbert nicht verleugnen, der keilförmige Bug verrät dies auf den ersten Blick. Der beschriebene 500 TL stößt dabei auf die Obergrenze der Kompaktklasse, zählt aber mit serienmäßigen 1.300 kg Gesamtmasse noch dazu. Er will kein Billigangebot sein, Ausstattung, Verarbeitung und Aufbau qualifizieren die Baureihe eigentlich als empfehlenswerte Mittelklasse. Die Verarbeitung der Wagen aus Bayern ist untadelig, der Grundriss eng aber ausreichend und im Fahrbetrieb weder zu lang noch zu breit, auch auf engen Straßen. Vom klassischen Grundriss Bug-Rundsitzgruppe und Heckbett weicht der 500 TL nur insofern ab, als er statt eines Doppelbettes im Heck mit zwei Einzelbetten aufwartet, also gedacht als echte »Zweier-Kiste«. Schön die warmen Innenfarben der nussbaumfarbenen Birkenmöbel, die gut mit den Polsterfarben harmonieren.

Baureihe Eifelland Beauty

Heller und freundlicher Innenraum mit Blick auf die Einzelbetten im Heck.

- ➕ noch kompakter Zweipersonenwagen
- ➕ Gute Verarbeitung von Aufbau und Innenausbau
- ➕ Dank Längslenkerachse und serienmäßigem Schlingerdämpfer gute Nachlaufeigenschaften
- ➕ Komplette Ausstattung serienmäßig
- ➖ Kleiner Küchenblock, schmaler Kleiderschrank
- ➖ schlichter Möbelbau

Technik-Kompass

Baureihe: Eifelland Beauty
Beispieltyp: 500 TL
Hersteller: Eifelland Caravans
Chassis: Al-Ko-Längslenker-Einzelachse, gummigefedert mit Stoßdämpfern, Schlingerdämpfer AKS
Grundrissgestaltung: Kompaktwagen mit U-Sitzgruppe im Bug und Einzelbetten längs im Heck.
Grundrisse: Ähnlich Grundriss 6. Fast alle weiteren Grundrisse 2 bis 10 im Angebot..

Maße und Gewichte

Technisch zulässige Gesamtmasse kg: 1.300, optional 1.500
Masse in fahrbereitem Zustand kg: 990
Abmessungen L x B x H mm: 7.030 x 2.290 x 2.540
Aufbaulänge mm: 5.690
Bettenmaße L x B mm: Bug 2.110 x 1.460, Heck-Einzelbetten 2 x 1.920 x 870

Auf- / Ausbau

Sitz- / Liegeplätze: 5 / 4
Kabinenbauweise: sandwich mit Holzfachwerk, Alu Hammerschlag
Isolierung Dach / Wand / Boden: Material / Dicke in mm: Styropor / 30 / 30 / 35
Fenster Anzahl / Ausstellfenster: 7 / 7
Dachhauben: 2
Möbeldekor: Kirsche hell
Sanitärraum: Lage / Ausstattung: mitte links / Duschwanne, Bank-Cassetten-Toilette Thetford C 2, Eckwaschbecken mit Unter- und Seitenschrank, Spiegelschrank

Bordtechnik

Heizung: Truma SL 3002 mit Warmluftgebläse 12 V
Frisch- / Abwasser / Pumpe: Rolltanks / 15 / 15
Gasvorrat kg: 2 x 11
Bordstromversorgung / Netzgerät: 12 V Umformer 375 W

Küchentechnik

Kocher: Gas / Edelstahl-Dreiflammenkocher mit Glasabdeckung
Spüle: Edelstahl mit Restebecken und Glasabdeckung
Kühlschrank: System / Inhalt / Gefrierfach l: Absorber Electrolux / 70 / 8

Preise

Grundpreis neu Euro / Baujahr: 11.223,00 / 2000
Schwacke-Bewertung II/2006: EK brutto 4.300,- Euro, VK brutto 5.000,- Euro

Varianten

19 Grundrissvarianten in verschiedenen Längen von 3.500 bis 5.600 mm

Die Einsteigerbaureihe Eriba-Swing in der beschriebenen Version hat den in den neunziger Jahren so beliebten Grundriss mit seitlicher Sitzgruppe im Heck, die ein knappes Doppelbett ergibt und so in Verbindung mit dem Festbett im Bug vier Personen Platz bietet. Das Bugbett ist mit komfortabler Federkernmatratze ausgestattet und bietet durch die Breite des Swing von 240 cm am Fußende die Möglichkeit, das vordere Bett ohne Kletterpartie zu besteigen. Zusätzlich ist an diesem Durchgang ein schmaler Wäscheschrank mit Rollladen und unterem Klappfach für Schmutzwäsche eingebaut. Der Aufbau ist hymertypisch ohne Holzfachwerk, die Sandwichelemente für Dach und Wände werden mit einem speziellen PU-Schaum direkt ausgeschäumt. Das Fahrverhalten ist dank stabilem Aufbau und Al-Ko-Längslenkerachse mit gut berechneter Deichsellänge ausgewogen. Die zum Wohnen angenehme Breite von 240 cm macht den Swing zum Fahren unübersichtlich, lange Rückspiegel sind hier am Zugfahrzeug ein absolutes Muss, die Breite ist zum Fahren gerade auf schmalen Straßen gewöhnungsbedürftig. Verarbeitung und Ausstattung sind bester Serienstandard, die besondere Sandwichbauweise machen die Caravans von Hymer langlebig.

Baureihe Hymer Eriba-Swing

Blick von der Hecksitzgruppe in den Bug des Eriba Swing.

Eriba-Swing mit flottem Heckabschluß.

- + Viel Platz im Innenraum durch 240 cm Breite
- + Langlebiger Aufbau aus Sandwichplatten
- + Gute Verarbeitung und Ausstattung
- - Mit 155 kg geringe Zuladung
- - Übersichtlichkeit durch große Breite eingeschränkt
- - Geringe Stehhöhe von 190 cm

Technik-Kompass

Baureihe: Hymer Eriba-Swing
Beispieltyp: 450
Hersteller: Hymer AG
Chassis: Al-Ko-Längslenker-Einzelachse, gummigefedert mit Stoßdämpfern
Grundrissgestaltung: Klassischer Zweiraumwagen mit Festbett im Bug, dahinter Sanitärraum und Kleiderschrank. Im Heck eine zum knappen Doppelbett umbaubare Dinette.
Grundrisse: Ähnlich Grundriss 5. Fast alle weiteren Grundrisse 2 bis 10 im Angebot.

Maße und Gewichte

Technisch zulässige Gesamtmasse kg: 1.350
Masse in fahrbereitem Zustand kg: 1.150
Abmessungen L x B x H mm: 6.130 x 2.400 x 2.510
Aufbaulänge mm: 4.900
Bettenmaße L x B mm: Bug 1.880 x 1.350, Heck 2.000 x 1.340 / 1.000, mit Zusatzpolster zu verbreitern.

Auf- / Ausbau

Sitz- / Liegeplätze: 3-4 / 3-4
Kabinenbauweise: PUAL-Sandwich ohne Fachwerk
Isolierung Dach / Wand / Boden: Material / Dicke in mm: Dach und Wände PU-Schaum 30 / Boden Styropor 41 mm
Fenster Anzahl / Ausstellfenster: 5 / 5
Dachhauben: 2 + 1 Pilzlüfter
Möbeldekor: Hainbuche
Sanitärraum: Lage / Ausstattung: Mitte links / Duschwanne, Waschbecken mit Seitenablage, Unterschrank, drehbare Thetford-Cassettentoilette

Bordtechnik

Heizung: Truma 3400 W mit Warmluftgebläse 230 V
Frisch- / Abwasser / Pumpe: Kanister 17 l/ - / Tauchpumpe
Gasvorrat kg: 2 x 11
Bordstromversorgung / Netzgerät: Umformer 230 V

Küchentechnik

Kocher: Gas / Dreiflammkocher Edelstahl in Verbindung mit Spüle und Abtropffläche
Kühlschrank: System / Inhalt / Gefrierfach l: Absorber / 72 / 7

Preise

Grundpreis neu Euro / Baujahr: 10.825,- / 1998
Schwacke-Bewertung II/2006: EK brutto 3.500,- Euro, VK brutto 4.050,- Euro

Varianten

Insgesamt bis zu 10 Grundrisse unterschiedlicher Länge von 4.320 bis 5.960 mm.

Die Kompaktklasse De Luxe ist die Volumenbaureihe des Marktführers. Sie ist in der Kompaktklasse beliebt durch komplette Ausstattung und eine große Auswahl unterschiedlicher Grundrisse. Die Verarbeitung des Aufbaus und die Ausführung des Chassis ist ohne Tadel, die Qualität des Möbelbaus erfordert Kontrolle beim Kauf, da in der Serie Streuungen zu beobachten sind. Der beschriebene Grundriss des 540 UL hat im Bug zwei feste Einzelbetten mit darunter liegenden Stauräumen. Dadurch lässt sich die Beladung bezüglich Stützlast gut austarieren. Bei der Ausführung Easy bietet Hobby im Möbelbau ausgefeilte Gewichtssparkonzepte an, so sind die Tisch- und Arbeitsplatten in Verbundkonstruktion aus Schichtstoffplatten und Wabenkern, die Möbelklappen mit Rundungen aus PU-Schaum. Die Küche und der Sanitärraum sind voll ausgestattet und ohne übertriebenen Luxus auf Praxis ausgelegt. Das Fahrwerk mit aufwändiger Schräglenkerachse hat gute Nachlaufeigenschaften und geringe Pendelneigung, die Gewichtsverteilung ist ausgeglichen und die Stützlast für die Zugwagenklasse nicht übertrieben.

Baureihe Hobby De Luxe

Besonderheit des klassischen Paargrundrisses: Der Hobby De Luxe 540 UL hat im Bug zwei Einzelbetten installiert.

560 KMFE, der ideale Familiencaravan auch in der Kompaktklasse.

- \+ Gutes Preis / Leistungsverhältnis
- \+ Solider Aufbau und gute Verarbeitung
- \+ Mit 192 cm ausreichende Innenraumhöhe
- \+ Komplette Ausstattung
- \- Möbelbau mit Qualitätsstreuung
- \- Heizschläuche in den Staukästen durch Ladegut gefährdet

Technik-Kompass

Baureihe: Hobby De Luxe
Beispieltyp: 540 UL
Hersteller: Hobby Caravan GmbH
Chassis: BPW, Schräglenker-Einzelachse mit Gummifederung und Stoßdämpfern
Grundrissgestaltung: Einzelbettenwagen mit U-Sitzgruppe.
Grundrisse: Ähnlich Grundriss 6. Fast alle weiteren Grundrisse 2 bis 10 im Angebot.

Maße und Gewichte

Technisch zulässige Gesamtmasse kg: 1.500
Masse in fahrbereitem Zustand kg: 1.225
Abmessungen L x B x H mm: 7.370 x 2.300 x 2.530
Aufbaulänge mm: 6.060
Bettenmaße L x B mm: Bug 2 x 1.890 x 820, Heck 1.945 x 1.310

Auf- / Ausbau

Sitz- / Liegeplätze: 4 / 4
Kabinenbauweise: Sandwich mit Holzfachwerk, Alu Hammerschlag, Dach glatt
Isolierung Dach / Wand / Boden: Material / Dicke in mm:Styropor 25 / 25 / 40
Fenster Anzahl / Ausstellfenster: 7 / 7
Dachhauben: 3
Möbeldekor: Apfel
Sanitärraum: Lage / Ausstattung: Mitte rechts / Duschwanne, Bank-Cassetten-Toilette Thetford C 2, Eckwaschbecken mit Seitenablagen und unterschränken, Oberschrank, offene Ablagen

Bordtechnik

Heizung: Truma S 3002 mit Warmluftgebläse 230 V
Frisch- / Abwasser / Pumpe: Rolltank 25 l / Rolltank 25 l, beide im Bugstauraum / Tauchpumpe
Gasvorrat kg: 2 x 11
Bordstromversorgung / Netzgerät: 12 V Umformer 120 W

Küchentechnik

Kocher: Gas / Edelstahl-Dreiflammenkocher in Verbindung mit Spüle, Glasabdeckungen, Mikrowelle
Kühlschrank: System / Inhalt / Gefrierfach l: Absorber / 75 / 9,5

Preise

Grundpreis neu Euro / Baujahr: 12.194,- / 2000
Schwacke-Bewertung II/2006: EK brutto 4.850,- Euro, VK brutto 5.650,- Euro

Varianten

Je nach Baujahr bis zu 20 Modelle unterschiedlicher Länge von 4.700 bis 6.440 mm.

Die Baureihe Südwind umfasst bei Knaus die gesamte Grundriss- und Längenpalette. Der beschriebene 495 TF ist der typische Vertreter der Wagen mit Festbett und getrennter U-Sitzgruppe. Sie vereint bequemes Liegen mit bequemem Sitzen, bietet aber auch den mitreisenden Kindern ein großzügiges Bett, das gemacht bleiben kann, wenn im Vorzelt gewohnt wird. damit hat Knaus bereits 1994 Neuland im Caravan-Layout betreten und den im Reisemobil bereits bewährten Grundriss mit festem Doppelbett und daneben liegendem Sanitärraum stilgerecht in einem Caravan-Grundriss umgesetzt. Der Aufbau ist routiniert ausgeführt, das Al-Ko-Chassis verspricht gute Fahreigenschaften und geringe Pendelbewegungen. Der Innenausbau ist von schlichter Eleganz mit Möbeln in Erledekor und glatten Fronten ohne aufdringliche Profilierung. Dazu passend die Polsterfarben. Die Sitzgruppe im Bug ist geräumig, die Rückenlehnen sehr niedrig. Kritisch wird es mit der Bewegungsfreiheit im Heckbereich. Durch den seitlichen Sanitärraum und das ausgelagerte Waschbecken neben dem Doppelbett ist das Fußende des Betts stark geschmälert, auch die Bewegungsfreiheit am Waschbecken ist eingeschränkt. Hier macht sich die verkehrsfreundliche Außenbreite von 230 cm negativ bemerkbar.

Baureihe Knaus Südwind

Trautes Rollenspiel im Knaus Südwind 549 TF: Viel Platz für die Köchin am Küchenblock.

- \+ Klar gegliederte Funktionsbereiche Schlafen und Wohnen im Grundriss
- \+ Sauber verarbeiteter Aufbau mit klarer Linienführung
- \+ Komplette Ausstattung und qualitativ hochwertiger Möbelbau
- \+ Gute Nachlaufeigenschaften und geringe Pendelneigung
- \+ Durch ausgewogene Lastverteilung leichtes Beladen
- \- Im Schlafbereich wenig Bewegungs- und Fußfreiheit
- \- Verminderter Zugang zum Bett durch großen Raumteiler zwischen Küche und Schlafbereich
- \- Ausgelagertes Waschbecken ohne Schutz der Umgebung vor Wasserpritzern

Technik-Kompass

Baureihe: Knaus Südwind
Beispieltyp: 495 TF
Hersteller: Knaus GmbH
Chassis: Al-Ko-Schräglenker-Einzelachse, gummigefedert mit Stoßdämpfern
Grundrissgestaltung: Kompaktwagen mit U-Sitzgruppe im Bug und Längs-Doppelbett im Heck.
Grundrisse: Ähnlich Grundriss 5. Fast alle weiteren Grundrisse 2 bis 10 im Angebot.

Maße und Gewichte

Technisch zulässige Gesamtmasse kg: 1.300
Masse in fahrbereitem Zustand kg: 1.130
Abmessungen L x B x H mm: 6.745 x 2.290 x 2.540
Aufbaulänge mm: 5.480
Bettenmaße L x B mm: Bug 2.100 x 1.380, Heck 1.940 x 1.380 / 880

Auf- / Ausbau

Sitz- / Schlafplätze: 4 / 4
Kabinenbauweise: Sandwich mit Holzfachwerk, Alu Hammerschlag
Isolierung Dach / Wand / Boden: Material / Dicke in mm: Styropor / 30 / 30 / 35+-
Fenster Anzahl / Ausstellfenster: 7 / 7
Dachhauben: 2
Möbeldekor: Erle
Sanitärraum: Lage / Ausstattung: Heck rechts / Duschwanne, Falttür, Cassettentoilette Thetford C 2 optional, ausgelagertes Waschbecken mit Unter- und Seitenschrank

Bordtechnik

Heizung: Truma S 3002 mit Piezozünder und Warmluftgebläse 230 V
Frisch- / Abwasser / Pumpe: Kanister 15 l / - / Tauchpumpe
Gasvorrat kg: 2 x 11
Bordstromversorgung / Netzgerät: 12 V Umformer 120 W

Küchentechnik

Kocher: Gas / Edelstahl-Dreiflammenkocher in Verbindung mit Spüle
Kühlschrank: System / Inhalt / Gefrierfach l: Absorber / 83 / 7

Preise

Grundpreis neu Euro / Baujahr: 12.077,- / 1998
Schwacke-Bewertung II/2006: EK brutto 3.950,- Euro, VK brutto 4.600,- Euro

Varianten

Je nach Baujahr bis zu 73 Modelle unterschiedlicher Länge von 3.930 bis 8.120 mm.

Ähnlich wie die damalige Excellent-Reihe von Marktführer Hobby polarisierte der LMC Luxus durch weiß-graue Möbel und den ungewöhnlichen Grundriss mit U-Sitzgruppe im Bug als alleinige Sitz-/Schlafgruppe und der Dinette im Heck. Der Wagen wurde son nur kurze Zeit gebaut, er ist deshalb heute ein gesuchter Gebrauchtwagen. Sein freundliches Inneres ist heute beliebter als damals. die Ausstattung ist bis auf die optionale Cassetten-Ttoilette komplett und von guter Qualität. Auch die Verarbeitung des Aufbaus und das Chassis von Al-Ko sind auf lange Lebensdauer ausgelegt. Der beschriebene Grundriss des 495 K ist in der Tat ungewöhnlich, da im Heck ein Einzelbett längs neben der Sitzgruppe eingebaut ist. Der Sanitärraum zeigt ausreichend Platz, jedoch gab es damals die Cassetten-Toilette nur als Option. Seine kurze Deichsel und nur optional lieferbarer Schlingerdämpfer wirken sich leicht negativ auf die Pendelbewegungen aus.

Baureihe LMC Luxus Design

Der helle Esche-Ausbau der Luxus-Design Serie polarisierte stark.

- \+ Kompakter Aufbau mit guter Verarbeitung und Chassis
- \+ Sauber verarbeitete Möbel in freundlich hellem Design
- \+ Grundriss mit großzügiger Bugsitzgruppe
- \- kleine Küche
- \- Toilette nicht serienmäßig, kleines Eckwasch-becken
- \- Kurze Deichsel und damit gewöhnungsbedürftige Pendeleigenschaften

Technik-Kompass

Baureihe: LMC Luxus Design
Beispieltyp: 495 K
Hersteller: LMC Caravan GmbH
Chassis: Al-Ko-Längslenker-Einzelachse gummigefedert mit Stoßdämpfern
Grundrissgestaltung: Reisewagen mit U-Sitzgruppe vorne und Dinette im Heck. Grundrisse: Ähnlich Grundriss 3. Fast alle weiteren Grundrisse 2 bis 10 im Angebot.

Maße und Gewichte

Technisch zulässige Gesamtmasse kg: 1.400
Masse in fahrbereitem Zustand kg: 1.010
Abmessungen L x B x H mm: 7.060 x 2.300 x 2.530
Aufbaulänge mm: 5.730
Bettenmaße L x B mm: Bugbett 1.890 x 1.400, Einzelbett längs im Heck 1.800 x 600

Auf- / Ausbau

Sitz- / Liegeplätze: 5 / 3
Kabinenbauweise: Sandwich mit Holzfachwerk, Alu Hammerschlag
Isolierung Dach / Wand / Boden: Material / Dicke in mm: Styropor / 24 / 28 / 25
Fenster Anzahl / Ausstellfenster: 6 / 6
Dachhauben: 1
Möbeldekor: Hellgraues Eschedekor mit grauen Echtholzrahmen
Sanitärraum: Lage / Ausstattung: mitte links / Duschwanne, optional Cassetten-Toilette C 2, Eckwaschbecken mit Unterschrank, Hängeschrank, offene Ablagen

Bordtechnik

Heizung: Truma S 3002 mit Warmluftgebläse
Frisch- / Abwasser / Pumpe: Kanister 1o l / - / Tauchpumpe
Gasvorrat kg: 2 x 11
Bordstromversorgung / Netzgerät: 12 V Umformer 80 W

Küchentechnik

Kocher: Gas / Edelstahl-Dreiflammenkocher in Verbindung mit Spüle und Abtropffläche
Kühlschrank: System / Inhalt / Gefrierfach l: Absorber / 70 / 8

Preise

Grundpreis neu Euro / Baujahr:11.954,- / 1999
Schwacke-Bewertung II/2006: EK brutto 4.600,- Euro, VK brutto 5.350,- Euro

Varianten

Je nach Baujahr bis zu 75 Modelle unterschiedlicher Länge von 4.450 bis 7.770 mm.

Die Baureihe Travel-King gilt als Einsteiger, ist aber nicht ärmlich eingerichtet oder ausgestattet. Sowohl optisch als auch technisch fehlt den Modellen nichts. Der beschriebene 390 HTF hat einen idealen Grundriss für das alleinreisende Paar mit Doppelbett, offenem Waschtisch und Sanitärraum im Bug. Dieser Grundriss zeichnet sich vor Allem dadurch aus, dass er eine komplette Einrichtung mit geräumigem Sanitärraum auf nur 446 cm Aufbaulänge präsentiert und dabei auch noch relativ viel Lebensraum bieten kann. Die Einrichtung in hellem Buchendekor mit dezenten Rahmen aus Massivholz an den Fronten ist sachlich, freundlich und weit entfernt von einem Billigcaravan. Dazu passt auch die Ausstattung, besonders wenn das oft gewählte Saphir-Paket vom Erstbesitzer mit geordert wurde. Hier sind dann zur Ausrüstung alle Wünsche abgedeckt. Der Küchenblock im Heck fällt wegen der angrenzenden Sitzgruppe recht klein aus und muss auf Arbeitsfläche verzichten, ist aber komplett. ausgestattet. Die Fahreigenschaften sind, zumindest mit dem Saphir-Paket und dem darin enthaltenen Schlingerdämpfer AKS 2000, ausgezeichnet, wenn die Stützlast ausgewogen ist.

Baureihe TEC Travel-King

Ungewöhnliche Grundrisslösung mit dem Sanitärraum neben dem Bugbett.

Heckküche und Heckdinette, kein alltäglicher Grundriss.

- \+ Praktischer Grundriss für das alleinreisende Paar
- \+ Große Auswahl an Grundrissen für alle Ansprüche
- \+ Superkompakter Reisewagen
- \+ Freundlicher Innenraum in hellem Holzdekor
- \- Verarbeitungsdetails teilweise kritisch
- \- Kleine Dinette mit kurzen Rückenlehnen

Technik-Kompass

Baureihe: TEC Travel-King
Beispieltyp: 390 HTF
Hersteller: TEC Caravan GmbH
Chassis: Al-Ko-Schräglenker-Einzelachse, gummigefedert mit Stoßdämpfern und Schlingerdämpfer AKS 2000 (Saphir-Paket)
Grundrissgestaltung: Paarwagen mit Doppelbett und Sanitärraum in Bug sowie Heckdinette.
Grundrisse: Ähnlich Grundriss 5. Fast alle weiteren Grundrisse 2 bis 10 im Angebot..

Maße und Gewichte

Technisch zulässige Gesamtmasse kg: 1.100
Masse in fahrbereitem Zustand kg: 850
Abmessungen L x B x H mm: 5.590 x 2.300 x 2.550
Aufbaulänge mm: 4.460
Bettenmaße L x B mm: Doppelbett Bug 2.020 x 1.380, Dinette 1.800 x 1.070

Auf- / Ausbau

Sitz- / Schlafplätze: 4 / 4
Kabinenbauweise: Sandwich mit Holzfachwerk, Alu Hammerschlag
Isolierung Dach / Wand / Boden: Material / Dicke in mm: Styropor / 26 / 26 / 30
Fenster Anzahl / Ausstellfenster: 4
Dachhauben: 3
Möbeldekor: Buche hell mit Massivholzrahmen
Sanitärraum: Lage / Ausstattung: Bug rechts / Duschraum, drehbare Cassetten-Toilette Thetford C 200 Option, offener Waschtisch vor Sanitärraum, Unterschränke, Spiegelschrank, offene Ablagen

Bordtechnik

Heizung: Truma S 3002 mit Warmluftgebläse 230 V, Truma Therme
Frisch- / Abwasser / Pumpe: Tank 44 l / - / Tauchpumpe
Gasvorrat kg: 2 x 11
Bordstromversorgung / Netzgerät: 12 V Umformer / 130 W

Küchentechnik

Kocher: Gas / Edelstahl-Dreiflammenkocher in Verbindung mit Spüle und Abtropffläche
Kühlschrank: System / Inhalt / Gefrierfach l: Absorber / 81 / 6

Preise

Grundpreis neu Euro / Baujahr: 10.987,- / 2000
Schwacke-Bewertung II/2006: EK brutto 4.900,- Euro, VK brutto 5.700,- Euro

Varianten

Je nach Baujahr bis zu 42 Modelle in unterschiedlichen Längen von 4.460 bis 7.777 mm.

In den Baujahren 1997 bis 2001 nennt sich die Mittelklasse von Adria B-Klasse und soll das bis dahin verbreitete Vorurteil von Billigcaravans aufpolieren. Das beschriebene Modell 562 UL hatte als Besonderheit ein variables Schlafzimmer mit zwei auf Rollen gelagerten Einzelbetten, die sich als Doppelbett in der Mitte, links oder rechts an der Wand oder als zwei Einzelbetten nutzen ließen. Die Aufbauten sind sauber verarbeitet und gut abgedichtet, der Möbelbau ist für die Preisklasse sehr gut. Ausnahme hiervon sind teilweise die Möbelbeschläge, hierauf ist beim Gebrauchtkauf zu achten. Der Sanitärraum ist komplett, die Ablagen sind allerdings nur mäßig. Die Cassettentoilette ist mit ihrer manuellen Spülung auch dann nutzbar, wenn kein Stromanschluss besteht. Das Al-Ko-Chassis mit drehstabgefederter Längslenkerachse verspricht gute Nachlaufeigenschaften bei geringer Pendelneigung, trotzdem ist eine Schlingerdämpferkupplung zu empfehlen, die nicht serienmäßig war.

Baureihe Adria B-Klasse

Die gemütliche Runde kann kommen: Die üppige Rundsitzgruppe im Bug des Adria B 502.

- [+] Gut verarbeiteter Aufbau mit Al-Ko-Chassis
- [+] Reparaturkostenfreundliche Außenhaut in drei Teilen
- [+] Möbelbau mit guter Verarbeitung und freundlichem Design
- [+] Variable Bettenlösung im Heck mit verschiebbaren Einzelbetten
- [-] Hohe Stützlast von 100 kg
- [-] Teilweise anfällige Beschläge an Möbeln und Deichselkasten
- [-] Matratzen der Einzelbetten nur im mittleren Bereich mit Federkern

Technik-Kompass

Baureihe: Adria B-Klasse
Beispieltyp: B 502 UP
Hersteller: Adria Slowenien
Chassis: Al-Ko-Vario-Chassis, Längslenker-Einzelachse drehstabgefedert mit Stoßdämpfer
Grundrissgestaltung: Einzelbettengrundriss mit U-Sitzgruppe im Bug. Grundrisse: Ähnlich Grundriss 6. Fast alle weiteren Grundrisse 2 bis 10 im Angebot.

Maße und Gewichte

Technisch zulässige Gesamtmasse kg: 1.500
Masse in fahrbereitem Zustand kg: 1.240
Abmessungen L x B x H mm: 7.270 x 2.300 x 2.560
Aufbaulänge mm: 6.060
Bettenmaße L x B mm: Bug 2.170 x 1.265, Heck 2 x 1.870 x 785, zusammenschiebbar zum Doppelbett

Auf- / Ausbau

Sitz- / Schlafplätze: 4 / 4
Kabinenbauweise: Sandwich mit Holzfachwerk, Alu glatt, Teilflächen gerippt und Hammerschlag
Isolierung Dach / Wand / Boden: Material / Dicke in mm: Styropor / 30 / 30 / 40
Fenster Anzahl / Ausstellfenster: 7 / 7
Dachhauben: 1
Möbeldekor: Erle
Sanitärraum: Lage / Ausstattung: Mitte links / Duschwanne, Banktoilette Thetford C 4 mit manueller Pumpe, Eckwaschbecken mit Unterschrank, Spiegelschrank, offene Ablagen

Bordtechnik

Heizung: Truma S 3002, Warmluftgebläse 230 V
Frisch- / Abwasser / Pumpe: Tank 40 l / - / Tauchpumpe
Gasvorrat kg: 2 x 11
Bordstromversorgung / Netzgerät: 12 V Umformer 170 W

Küchentechnik

Kocher: Gas,/ emaillierter Dreiflammenherd mit Glasabdeckung
Spüle: emaillierte Rundspüle
Kühlschrank: System / Inhalt / Gefrierfach l: Absorber Electrolux / 72 / 7

Preise

Grundpreis neu Euro / Baujahr: 12.933,- / 2000
Schwacke-Bewertung II/2006: EK brutto 4.350,- Euro, VK brutto 5.050,- Euro

Varianten

Je nach Baujahr bis zu 17 Modelle unterschiedlicher Länge von 4.080 bis 7.970 mm.

Der Ventana ist ab 1997 der Nachfolger der erfolgreichen Baureihe Club. Er gilt als Preisschlager mit guter Ausstattung und Verarbeitung in der Mittelklasse. Durch die Außenbreite von 230 cm bieten die Grundrissvarianten viel Bewegungsfreiheit. Die Stehhöhe von 192 cm ist ausreichend. Obwohl als Vierschläfer ausgeleget, wird der Ventana 500 TS meist als reines Paarfahrzeug genutzt. Die große U-Sitzgruppe im Bug bietet ausreichend Sitztiefe und einen großen Tisch für gemütliche Runden. Auch als Bett umgebaut bietet sie ausreichenden Liegekomfort. Die Küche ist praxisgerecht, der Dreiflammenkocher mit ausreichend Flammenabstand auch für größere Töpfe. Arbeitsfläche ist rechts neben dem mittig angeordneten Kocher gegeben. Im Heck findet sich ein französisches Doppelbett, das in Fahrzeuglängsrichtung installiert ist, davor der offene Waschtisch, dahinter der ausreichend große Sanitärraum. In den Außenmaßen ist der Ventana mit den Club-Modellen fast identisch. Er bietet trotz relativ kurzer Deichsel durch Niederquerschnittsreifen gute Nachlaufeigenschaften und Fahrkomfort und gilt als idealer Reisewagen.

Baureihe Bürstner Ventana

Gemütliches Ambiente mit großer Rundsitzgruppe im Bürstner Ventana.

- + Gutes Preis- / Leistungsverhältnis ohne Billigcharakter
- + gelungene Innenraumaufteilung mit viel Bewegungsfreiheit
- + Gute Ausstattung
- + Ausreichend hohe Zuladung von 310 kg
- + zeitloses, schlichtes Außendesign
- - Keine Fahrtsicherung des Tischs an der U-Sitzgruppe

Technik-Kompass

Baureihe: Bürstner Ventana
Beispieltyp: 500 TS
Hersteller: Bürstner GmbH
Chassis: Alko Einzelachse mit Stoßdämpfern
Grundrissgestaltung: Geräumiger Paarwagen mit U-Sitzgruppe im Bug und französischem Doppelbett langs im Heck.
Grundrisse: Ähnlich Grundriss 5. Fast alle weiteren Grundrisse 2 bis 10 im Angebot.

Maße und Gewichte

Technisch zulässige Gesamtmasse kg: 1.360, auflastbar auf 1.500
Masse in fahrbereitem Zustand kg: 1.050
Abmessungen L x B x H mm: 7.130 x 2.300 x 2.540
Aufbaulänge mm: 5.640
Bettenmaße L x B mm: Bug 2.130 x 1.410, Heckbett 1.920 x 1.340

Auf- / Ausbau

Sitz- / Schlafplätze: 5 / 4
Kabinenbauweise: Sandwich mit Holzfachwerk, Alu Hammerschlag
Isolierung Dach / Wand / Boden: Material / Dicke in mm: Styropor / 24 / 20 / 30
Fenster Anzahl / Ausstellfenster: 7 / 7
Dachhauben: 2
Möbeldekor: Buche hell
Sanitärraum: Lage / Ausstattung: hinten rechts / offener Waschtisch vor Sanitärraum, Duschwanne, Cassetten-Toilette Thetford drehbar, Eckschrank, Eckwaschbecken, Spiegel

Bordtechnik

Heizung: Truma 3002 SL mit Warmluftgebläse 230 V
Frisch- / Abwasser / Pumpe: Tank 45 l / - / Tauchpumpe
Gasvorrat kg: 2 x 11
Bordstromversorgung / Netzgerät: 12 V Umformer 145 VA

Küchentechnik

Kocher: Gas / Dreiflammkocher kombiniert mit Spüle und Abtropffläche
Kühlschrank: System / Inhalt / Gefrierfach l: Absorber / 70 l / 6 l

Preise

Grundpreis neu Euro / Baujahr: 11.928,- / 1998
Schwacke-Bewertung II/2006: EK brutto 4.500,- Euro, VK brutto 5.200,- Euro

Varianten

Je nach Baujahr bis zu 33 Modelle unterschiedlicher Längen von 4.000 bis 7.200 mm.

Die 1994 gegründete Firma Cristall ließ zu dieser Zeit die Caravans nach Eigenentwürfen in England bauen. Der beschriebene Typ 430 TSF ist dabei einer der kompaktesten und preisgünstigsten. Mit Bugdoppelbett, Seitensitzgruppe und Heckküche mit daran anschließendem Sanitärraum war er einer der Vorreiter für den heute sehr beliebten Kompaktwagengrundriss. Der Aufbau entspricht in Konstruktion und Fertigungsqualität kontinentalen Anforderungen, der Möbelbau ist schlicht und in guter Qualität. Kritisch sind die Fahreigenschaften, wenn durch den Vorbesitzer nicht die damals optionalen Stoßdämpfer und ein, notfalls heute nachrüstbarer, Schlingerdämpfer geordert wurden, da die 13 Zoll kleinen Räder hart an der Belastungsgrenze waren. Optional war auch eine Toilette und die Warmluftanlage sowie eine Zündautomatik für die Heizung, sonst war die Ausstattung komplett. Die schlichten, glatten Möbelfronten in warmem Erledekor passen gut zu dem kleinen Wagen. Das Doppelbett mit ausreichend großer Liegefläche für zwei Erwachsene ist mit Lattenrosten ausgestattet, die Dinette eignet sich mit 180 cm Liegelänge maximal für ein Kind. Als Sitzgruppe umgebaut stören die kurzen Rückenlehnen und die tiefen Sitzpolster.

Baureihe Cristall Samoa

Mit diesem Grundriss mit Küche und Sanitärraum im Heck, Seitensitzgruppe und Doppelquerbett im Bug begründete Cristall die Kompaktklasse.

- + Kompakter Wagen mit ausreichender Innenraumgröße für Zwei
- + Gute Verarbeitung des Aufbaus und der Möbel
- + Freundliches Design innen und außen
- + Günstiger Anschaffungspreis
- - Ohne optionale Stoßdämpfer und Schlingerdämpfer unausgewogene Fahreigenschaften
- - Warmluftgebläse und Zündautomatik der Heizung nur optional
- - Toilette nur optional

Technik-Kompass

Baureihe: Cristall Samoa
Beispieltyp: 430 TSF
Hersteller: Cristall GmbH
Chassis: Al-Ko-Längslenker-Einzelachse gummigefedert, Stoßdämpfer optional
Grundrissgestaltung: Kleincaravan mit Doppelbett vorne und Mitteldinette.
Grundrisse: Ähnlich Grundriss 2. Fast alle weiteren Grundrisse 2 bis 10 im Angebot.

Maße und Gewichte

Technisch zulässige Gesamtmasse kg: 1.050
Masse in fahrbereitem Zustand kg: 925
Abmessungen L x B x H mm: 5.920 x 2.140 x 2.520
Aufbaulänge mm: 4.820
Bettenmaße L x B mm: Bugdoppelbett 1.900 x 1.370, Dinette 1.800 x 1.180

Auf- / Ausbau

Sitz- / Schlafplätze: 2+2 / 3
Kabinenbauweise: Sandwich mit Holzfachwerk, Alu Hammerschlag, Dach Alu glatt
Isolierung Dach / Wand / Boden: Material / Dicke in mm: Styropor / 25 / 30 / 45
Fenster Anzahl / Ausstellfenster: 5 / 5
Dachhauben: 1
Möbeldekor: Erle
Sanitärraum: Lage / Ausstattung: Heck links / Duschwanne, Eckwaschbecken mit Unterschrank, Spiegel. Toilette optional

Bordtechnik

Heizung: Trumatic S 3002, Warmluftanlage optional
Frisch- / Abwasser / Pumpe: Kanister 30 l / - / Tauchpumpe
Gasvorrat kg: 2 x 11
Bordstromversorgung / Netzgerät: 12 V Umformer 170 W

Küchentechnik

Kocher: Gas / Edelstahl-Zweiflammenkocher in Kombination mit Spüle und Abtropffläche
Kühlschrank: System / Inhalt / Gefrierfach l: Absorber / Electrolux / 70 / 3

Preise

Grundpreis neu Euro / Baujahr: 9.352,- / 1999
Schwacke-Bewertung II/2006: EK brutto 3.700,- Euro, VK brutto 4.300,- Euro

Varianten

Je nach Baujahr bis zu 31 Modelle unterschiedlicher Länge von 4.400 bis 6.200 mm

Die 1998 komplett neu überarbeitete Baureihe Camper stellt unter den Dethleffs Caravans die Volumenmodelle. Unter den zahlreichen Grundrissvarianten finden sich auch die meisten Familienmodelle getreu dem Dethelffs-Slogan »Freund der Familie«. Der mittelgroße Grundriss des beschriebenen 510 TK hat im Bug eine große U-Sitzgruppe, die zum Doppelbett umgebaut werden kann. Geht man davon aus, dass Familiencaravans die meiste Zeit mit Vorzelt stehen, in dem gegessen wird, kann dieses Doppelbett bestehen bleiben. Im Heck ein komplettes Kinderzimmer mit Etagenbett und gesonderter Dinette. Andere Grundrisse, wie z.B. der 560 SK sind mit zusätzlichem Festbett ausgestattet, dann aber entsprechend länger. Allen gemeinsam ist die gute Verarbeitung. Die Wintereigenschaften sind in Standardausführung nicht die Besten, das Gebläse der Heizung ist gerne überfordert. Hier kann durch Einbau eines Verstärkungsgebläses aus dem Truma-Baukasten Abhilfe geschaffen werden. Auch die Wasserleitungen sind bei extremen Temperaturen gefährdet. Die Dethleffs-Küchen sind beliebt für ihre Größe und gute Ausstattung. Der Dreiflammenkocher hat ausreichend Flammenabstand auch für drei größere Töpfe ist damit kindgerecht, der Kühlschrank fasst mit netto 73 l ausreichend Vorräte.

Baureihe Dethleffs Camper

Eine riesige Rundsitzgruppe ist das Herz des Familienwagens Camper von Dethleffs.

- \+ Gutes Preis- / Leistungsverhältnis
- \+ Große Auswahl an Grundrissen
- \+ Saubere Verarbeitung, widerstandsfähige Materialien
- \- Geringe Zuladung von 160 kg für einen Familienwagen
- \- Auflastung wegen hoher Einstandskosten selten auf dem Markt
- \- Geringe Wintereignung der Heizung, Ergänzungsarbeiten notwendig

Technik-Kompass

Baureihe: Dethleffs Camper
Beispieltyp: 510 TK
Hersteller: Dethleffs GmbH
Chassis: Al-Ko-Vario-Chassis mit Euro-Schräglenker-Einzelachse, gummigefedert mit Stoßdämpfern
Grundrissgestaltung: Familienwagen mit U-Sitzgruppe im Bug, umbaubar zum Doppelbett, und Kinderzimmer mit Dinette und Etagenbett im Heck.
Grundrisse: Ähnlich Grundriss 7. Fast alle weiteren Grundrisse 2 bis 10 im Angebot.

Maße und Gewichte

Technisch zulässige Gesamtmasse kg: 1.350
Masse in fahrbereitem Zustand kg: 1.190
Abmessungen L x B x H mm: 7.190 x 2.300 x 2.540
Aufbaulänge mm: 5.690
Bettenmaße L x B mm: Bug 2.120 x 1.565/1.320, Etagenbett Heck 2 x 1.860 x 750, Dinette 1.875 x 1.225/665

Auf- / Ausbau

Sitz- / Schlafplätze: 5 / 5
Kabinenbauweise: Sanbdwich mit Holzfachwerk, Alu Hammerschlag, Bug ABS glatt
Isolierung Dach / Wand / Boden: Material / Dicke in mm: Styropor / 30
Fenster Anzahl / Ausstellfenster: 7 / 7
Dachhauben: 3
Möbeldekor: Buche
Sanitärraum: Lage / Ausstattung: Mitte links / Duschwanne, drehbare Thetford Cassettentoilette, Waschtisch mit Unterschrank, Eckschrank, Spiegel, offene Staufächer

Bordtechnik

Heizung: Gasheizung Truma S 3002, Warmluftgebläse 230 V
Frisch- / Abwasser / Pumpe: Tank 38 l / - / Tauchpumpe
Gasvorrat kg: 2 x 11
Bordstromversorgung / Netzgerät: Umformer 12 V 130 W

Küchentechnik

Kocher: Gas / Dreiflammenkocher in Verbindung mit Spüle und Abtropffläche
Kühlschrank: System / Inhalt / Gefrierfach l: Absorber / 73 / 5

Preise

Grundpreis neu Euro / Baujahr: 11.090,- / 1999
Schwacke-Bewertung II/2006: EK brutto 4.650,- Euro, VK brutto 5.400,- Euro

Varianten

Insgesamt je nach Baujahr bis zu 47 Modelle der Baureihe Camper Comfort unterschiedlicher Längen von 5.230 bis 7.910 mm. Dazu bis zu 34 Modell der Baureihen Camper und Camper L bis Baujahr 1997.

Die Nova sind die Volumenmodelle bei Hymer und die älteste Baureihe. 1998 erfolgte eine komplette Renovierung und Auffrischung durch moderne Polster und Möbelbau mit dezenten Rahmenfronten. Im breit gefächerten Angebot finden sich für alle Nutzer die richtige Grundrisslösung sowohl für Alleinreisende als auch für Familien. Der wohlproportionierte Aufbau mit schlichtem Äußerem in Alu Glattblech mit Kunststoff-Heckblenden und großem Kurbeldachlüfter im Wohnraum ist in der bewährten PUAL-Bauweise von Hymer gebaut, die ohne Holzfachwerk auskommt und mit einemn speziellen PU-Schaum zwischen den Wandbauteilen Alublech außen und beschichtetem Sperrholz innen dämmt. Dieser wird zwischen die Schalen geschäumt und verbindet diese zu einem stabilen Sandwich. Besonders für Großgewachsene ist die große Innenraumhöhe von 1.975 mm interessant, aber auch sonst ist der Raumeindruck dadurch großzügig. Durch geschickte Gewichtsverteilung und Al-Ko-Schräglenkerachse sowie gutem Verhältnis der Deichsellänge zum Aufbau sind die Nachlaufeigenschaften gut. Kritisch ist die Zuladung, hier sollte beim Gebrauchtkauf darauf geachtet werden, dass der Vorbesitzer eine Auflastung geordert hatte.

Baureihe Hymer Eriba-Nova

Beliebter Familiengrundriss des Eriba Nova 560 mit Stockbetten im Heck.

- **+** Langlebiger Aufbau durch Vollsandwich ohne Holzfachwerk
- **+** Gute Fahreigenschaften
- **+** Ausbau gut verarbeitet mit geringen Toleranzen und kompletter Ausstattung
- **+** Weit verbreitetes Modell mit großer Auswahl und vielen Grundrissvarianten
- **+** Großer Küchenblock mit ausreichend Stauraum und Arbeitsfläche
- **-** Geringe Zuladung, wenn nicht mit Auflastung geordert

Technik-Kompass

Baureihe: Hymer Eriba-Nova
Beispieltyp: 560
Hersteller: Hymer AG
Chassis: Al-Ko-Einachschassis mit Schräglenkerachse, gummigefedert mit Stoßdämpfern
Grundrissgestaltung: Familienwagen mit Bug-Doppelbett, Mittelsitzgruppe und Stockbetten im Heck.
Grundrisse: Ähnlich Grundriss 8. Fast alle weiteren Grundrisse 2 bis 10 im Angebot.

Maße und Gewichte

Technisch zulässige Gesamtmasse kg: 1.600, optional 1.700
Masse in fahrbereitem Zustand kg:1.480
Abmessungen L x B x H mm: 7.200 x 2.400 x 2.620
Aufbaulänge mm: 6.130
Bettenmaße L x B mm: Bug 2.000 x 1.530. Heck 2 x 1.900 x 780, Dinette 2.000 x 1.080

Auf- / Ausbau

Sitz- / Schlafplätze: 4 / 5
Kabinenbauweise: PUAL-Sandwichplatten ohne Fachwerk, Alu glatt
Isolierung Dach / Wand / Boden: Material / Dicke in mm: PU-Schaum / 27 / 27 / Styropor 30
Fenster Anzahl / Ausstellfenster: 5 / 5
Dachhauben: 3
Möbeldekor: Tessiner Birne
Sanitärraum: Lage / Ausstattung: Bug rechts / Duschwanne, drehbare Cassettentoilette Thetford, Waschbecken ausgelagert mit Ober- und Unterschfrank, abtrennbar

Bordtechnik

Heizung: Truma S 3002 mit Warmluftgebläse 230 V
Frisch- / Abwasser / Pumpe: Tank 45 l / - / Tauchpumpe
Gasvorrat kg: 2 x 11
Bordstromversorgung / Netzgerät: Umformer 12 V / 140 W

Küchentechnik

Kocher: Gas / Edelstahl Dreiflammenkocher kombiniert mit Spüle und Abtropffläche
Kühlschrank: System / Inhalt / Gefrierfach l: Absorber 83 / 12

Preise

Grundpreis neu Euro / Baujahr: 16.868,- / 1999
Schwacke-Bewertung II/2006: EK brutto 5.450,- Euro, VK brutto 6.300,- Euro

Varianten

Je nach Baujahr bis zu 33 Modelle unterschiedlicher Längen von 4.340 bis 7,270 mm Aufbaulänge.

Die Baureihe Saphir umfasst mit 19 Varianten alle wichtigen Längen und Grundrisse. Das beschriebene Modell 540 TK gehört hierbei zur großen Klasse und ist als Familienwagen mit getrennten Schlafbereichen für Eltern und Kinder konzipiert. Eine klare Trennung zwischen Wohn- und Schlafbereich ist durch die Falttüre möglich, die auch den Blick zum ausgelagerten Waschbecken abschirmt. Alle Betten sind ausreichend groß bemessen, die Rundsitzgruppe im Heck ist auch für fünf Passagiere ausreichend groß. Ausreichend groß und gut ausgestattet ist auch die Küche, wenngleich es an üppiger Ablagefläche fehlt. Mit der Kühlschrankgröße kann es eventuell Probleme geben. Wie allgemein bei Fendt ist der Aufbau sauber verarbeitet und von solider Konstruktion, der Möbelbau angenehm schlicht gehalten mit glatten Fronten und durchgehend, außer in der Küche, offenen Ablagen unter den Dachschränken. Mit guter Isolierung und der bis zu 5000 W leistenden Heizung ist der Fendt wintergeeignet, der Frischwasser-Rolltank sollte dann einen Heizstab verpasst bekommen. Durch seine Schräglenkerachse und den serienmäßigen Schlingerdämpfer sind die Fahreigenschaften gut, die Pendelneigung gering und gut zu beherrschen.

Baureihe Fendt Saphir

Facelift im Fendt Saphir 540 TK 2002: Blick von der Rundsitzgruppe im Heck zur Dinette mit den Stockbetten im Bug.

- + Solider Aufbau mit guten Langzeitaussichten
- + Komplette Ausstattung und gute Verarbeitung
- + Gute Nachlaufeigenschaften und serienmäßiger Schlingerdämpfer
- + Bequeme, ausreichend große Betten für bis zu fünf Passagiere
- + Gute Wintertauglichkeit
- - Zuladung bei Maximalbelegung zu gering
- - Sanitärraum eng

Technik-Kompass

Baureihe: Fendt Saphir
Beispieltyp: 540 TK
Hersteller: Fendt Caravan GmbH
Chassis: Al-Ko-Delta-Schräglenker-Einzelachse, gummigefedert mit Stoßdämpfern, Schlingerdämpfer AKS 2000
Grundrissgestaltung: Familienwagen mit Bug-Doppelbett, Mitteldinette und Etagenbett im Heck.
Grundrisse: Ähnlich Grundriss 8. Fast alle weiteren Grundrisse 2 bis 10 im Angebot.

Maße und Gewichte

Technisch zulässige Gesamtmasse kg: 1.500
Masse in fahrbereitem Zustand kg: 1.236
Abmessungen L x B x H mm: 7.310 x 2.300 x 2.560
Aufbaulänge mm: 5.950
Bettenmaße L x B mm: Heckdoppelbett 2.110 x 1.600 / 1.400, Dinette-Einzelbett längs 1.960 x 750, Bug-Etagenbett 2 x 1.900 x 660

Auf- / Ausbau

Sitz- / Liegeplätze: 4 / 5
Kabinenbauweise: Sandwich mit Holzfachwerk, Alu-Hammerschlag
Isolierung Dach / Wand / Boden: Material / Dicke in mm: Styropor / 30 / 30 / 40
Fenster Anzahl / Ausstellfenster: 7 / 7
Dachhauben: 2 + 1 Pilzlüfter
Möbeldekor: Wildbirne
Sanitärraum: Lage / Ausstattung: Bug rechts / Duschwanne, Cassettentoilette, Waschbecken ausgelagert mit Unter- und Seitenschrank

Bordtechnik

Heizung: Truma S 3002 P mit Zündautomatik, Warmluftgebläse 12 V mit Drehzahlautomatik
Frisch- / Abwasser / Pumpe: Rolltank 22 l / 20 l / Tauchpumpe
Gasvorrat kg: 2 x 11
Bordstromversorgung / Netzgerät: 12 V Umformer 140 W

Küchentechnik

Kocher: Gas / Edelstahl-Dreiflammenkocher in Verbindung mit Spüle und Abtropffläche
Kühlschrank: System / Inhalt / Gefrierfach l: Absorber / 80 / 8

Preise

Grundpreis neu Euro / Baujahr: 13.017,- / 2000
Schwacke-Bewertung II/2006: EK brutto 5.700,- Euro, VK brutto 6.650,- Euro

Varianten

Je nach Baujahr bis zu 29 Modelle unterschiedlicher Längen von 4.550 bis 6.150 mm.

Die Baureihe Excellent wurde bis Ende der Neunziger gebaut und 2000 von der Baureihe Excellent Easy abgelöst. Die etwas antiken Möbel und das hellgraue Esche-Mobiliar, das sicher nicht jedermanns Geschmack war, verschwand aus den Prospekten von Hobby zugunsten naturfarbener, heller Interieurs. Der beschriebene T 495 gilt als klassischer Vierpersonen-Grundriss mit zwei Dinetten als U-Sitzgruppe im Heck und einer Dinette im Bug, die zu einem Längs-Doppelbett umgebaut werden kann. Wer diesen Stil liebt, erhält mit dem Hobby T 495 ein gefälliges Fahrzeug mit viel Licht und Weite im Innenraum. Der Aufbau ist Hobby-typisch aufgebaut, ohne großen Schwachstellen und mit vollständiger Ausstattung bis hin zur winkelförmigen Grundform mit enormer Arbeitsfläche. Auch der Sanitärraum ist vollständiger und mit ausreichend viel Stauraum versehen.

Baureihe Hobby Excellent Easy

Die Neuauflage der Excellent-Modelle im Jahr 2000 als Excellent Easy brachte geänderte Möbeldekore und neue Grundrissvarianten in das Angebot von Hobby.

Als Alternative zum 495 T bietet der 495 UL Einzelbetten im Bug.

- \+ Solider Aufbau mit guter Verarbeitung
- \+ Komplette Ausstattung guter Qualität
- \+ Bequeme Sitzgruppen
- \+ Große, gut ausgestattete Küche
- \- Schlafplätze müssen immer umgebaut werden, Bugbett recht schmal
- \- Klappenverschlüsse und sonstige Beschläge erfordern Kontrolle beim Kauf

Technik-Kompass

Baureihe: Hobby Excellent Easy
Beispieltyp: 495 T
Hersteller: Hobby Caravan GmbH
Chassis: BPW, Schräglenker-Einzelachse mit Drehstabfederung und Stoßdämpfern
Grundrissgestaltung: Vierpersonenwagen mit zwei Dinetten, jeweils umbaubar zum geräumigen Doppelbett, Mittelküche und Sanitärraum.
Grundrisse: Ähnlich Grundriss 4. Fast alle weiteren Grundrisse 2 bis 10 im Angebot..

Maße und Gewichte

Technisch zulässige Gesamtmasse kg: 1.300
Masse in fahrbereitem Zustand kg: 970
Abmessungen L x B x H mm: 6650 x 2.200 x 2.480
Aufbaulänge mm: 5.730
Bettenmaße L x B mm: Bugdoppelbett 1.960 x 1.350

Auf- / Ausbau

Sitz- / Schlafplätze: 6 / 2
Kabinenbauweise: Sandwich mit Holzfachwerk, Alu Hammerschlag, Dach, Bug und Hedck Alu glatt
Isolierung Dach / Wand / Boden: Material / Dicke in mm: Styropor / 26 / 26 / 37
Fenster Anzahl / Ausstellfenster: 7 / 7
Dachhauben: 2
Möbeldekor: Erle
Sanitärraum: Lage / Ausstattung: mitte rechts / Duschwanne, festes Eckwaschbecken mit Unterschränken, Spiegelschrank, Hängeschränke, offene Ablagen, Bank-Cassettentoilette Thetford C 2

Bordtechnik

Heizung: Truma S 3002 mit Automatikzündung und Warmluftgebläse 12 V
mm.Frisch- / Abwasser / Pumpe: Kanister 13 l / - / Tauchpumpe
Gasvorrat kg: 2 x 11
Bordstromversorgung / Netzgerät: 12 V Umformer 120 W

Küchentechnik

Kocher: Gas / Niro-Dreiflammenkocher mit Glasabdeckung
Spüle: Niro
Kühlschrank: System / Inhalt / Gefrierfach l: Absorber / 90 / 12

Preise

Grundpreis neu Euro / Baujahr: 12.608,- / 2000
Schwacke-Bewertung II/2006: EK brutto 5.000,- Euro, VK brutto 5.800,- Euro

Varianten

Je nach Baujahr bis zu 56 Modelle unterschiedlicher Länge von 3.960 bis 7.790 mm.

Mit dem Blue Line hatte Knaus in den Jahren 1999 und 2000 eine Parallelbaureihe zum Südwind im Angebot, die sich sowohl im Preis als auch in der Konstruktion an diese anlehnte. Die Preisdifferenz nach unten von knapp 800,- Euro zu den jeweiligen Südwind-Modellen entsprach der Minderausstattung, wie etwa fehlende Schlingerdämpferkupplung, 12-V-Bordnetz, Dunstabzug und Warmluftgebläse mit Drehzahlregulierung. Dafür trugen die Blue Line ein farbenfrohes Design mit auffallend blauen Abschlüssen am Heck, den typischen Knaus-Ecken, und entlang der Seitenwände im Schürzenbereich. Der Innenausbau ist gediegen modern mit schlichten Möbelfronten. Die Ausstattung ist, abgesehen von den aufgezählten Bereinigungen, komplett und von guter Qualität. Dies gilt auch für den Aufbau und das Chassis. Mit 33 mm Isolierung hat der Blue Line gute Wintereigenschaften anzubieten, die Heizung reicht für normale Minustemperaturen aus. Der beschriebene 500 TKM hat mit seinen 230 cm Breite gute Fahr- und Rangiereigenschaften, für ausgedehnte Standurlaube ist er auch mit 250 cm Außenbreite lieferbar und hat dann entsprechend Platz innen.

Baureihe Knaus Blue Line

Familienfreundliche Grundrisse zu erschwinglichen Preisen zeichneten die Blue Line-Serie von Knaus aus. Hier die Etagenbetten längs im Heck.

- + Günstige Preise durch reduzierte Ausstattung gegenüber Südwind
- + Geräumiger Familienwagen mit vier vollwertigen Schlafplätzen und Platzreserve durch Umbau-Dinette
- + Jugendlich frische Außenoptik
- - Fehlende Ausstattung gegenüber Südwind je nach Nutzung hinderlich
- - Sanitärraum mit ausgelagertem Waschbecken nicht Jedermanns Geschmack
- - Geringes Angebot an Sitzplätzen

Technik-Kompass

Baureihe: Knaus Blue Line
Beispieltyp: 500 TKM
Hersteller: Knaus-Tabbert-Group
Chassis: Al-Ko-Vario-Chassis mit Euro-Schräglenker-Einzelachse, gummigefedert mit Stoßdämpfern
Grundrissgestaltung: Ausgesprochener Familienwagen mit Festbett im Bug, Mittelsitzgruppe und Etagenbett im Heck. Für überwiegenden Standurlaub gibt es den 500 TKM auch in 250 cm Breite.
Grundrisse: Ähnlich Grundriss 8. Fast alle weiteren Grundrisse 2 bis 10 im Angebot.

Maße und Gewichte

Technisch zulässige Gesamtmasse kg: 1.300
Masse in fahrbereitem Zustand kg: 1.140
Abmessungen L x B x H mm: 7.250 x 2.290 x 2.540
Aufbaulänge mm: 5.640
Bettenmaße L x B mm: Bug 1.970 x 1.390, Dinette 2.140 x 960, Etagenbett Heck 2 x 1.920 x 730

Auf- / Ausbau

Sitz- / Schlafplätze: 4 / 5
Kabinenbauweise: Sandwich mit Holzfachwerk, Alu-Hammerschlag, Dach Alu glatt
Isolierung Dach / Wand / Boden: Material / Dicke in mm: Styropor / 33 / 33 / 40
Fenster Anzahl / Ausstellfenster: 7 / 7
Dachhauben: 2 + 1 Pilzlüfter
Möbeldekor: Erle
Sanitärraum: Lage / Ausstattung: Vorne rechts / Duschwanne, drehbare Cassettentoilette Thetford mit Spülwassertank, Waschtisch ausgelagert im Schlafraum mit Unterschrank, Spiegel

Bordtechnik

Heizung: Truma S 3002 mit Warmluftgebläse 230 V
Frisch- / Abwasser / Pumpe: Kanister 15 l / - / Tauchpumpe
Gasvorrat kg: 2 x 11
Bordstromversorgung / Netzgerät: Umformer 12 V 120 W

Küchentechnik

Kocher: Gas / Dreiflammenkocher in Verbindung mit Spüle und Abtropffläche, klappbare Abdeckungen
Kühlschrank: System / Inhalt / Gefrierfach l: Absorber / 72 l / 5 l

Preise

Grundpreis neu Euro / Baujahr: 11.964,- / 2000
Schwacke-Bewertung II/2006: EK brutto 4.850,- Euro, VK brutto 5.650,- Euro

Varianten

Je nach Baujahr bis zu 16 Modelle unterschiedlicher Länge von 4.520 bis 5.970 mm. Modell 500 TKM auch in 2.500 mm Breite lieferbar.

Die Baureihe Dominant stellt im Programm von LMC die Obere Mittelklasse dar und tritt sowohl innen als auch außen in stimmiger, wenig spektakulärer Form auf. Schick ist die Lackierung außen mit silbergrauem Bauch und weißem Oberteil, rote Zierlinien verbinden beide. Unspektakulär auch die Fahreigenschaften, wenn richtig beladen wird, da durch die schwere U-Sitzgruppe im Bug mit komfortablen Polstern die Stützlast leicht überschritten wird. Gut ist, wenn der Vorbesitzer bereits eine optionale Auflastung auf 1.400 oder gar 1.500 kg geordert hatte. Gut auch, wenn ein Schlingerdämpfer eingebaut ist, da die Pendelneigung zwar gering, aber ohne Dämpfer spürbar ist. Der Innenraum in warmem Birne-Dekor ist ausgeglichen, die Farben harmonieren gut. Der Sitzkomfort auf der U-Sitzgruppe ist sehr gut, der Liegekomfort auf den Einzelbetten dank Lattenrosten ebenfalls. Negativ ist hier die kurze Bettenlänge im linken Bett und die Bettverlängerung mit magerer Polsterung im rechten. Eine Besonderheit ist der patentierte Tisch an der U-Sitzgruppe mit leichter Verstellbarkeit und jederzeit sicherem Stand durch eingelassene Verschiebeschienen im Fußboden. Sehr gut ist die Ausstattung und Größe des Küchenblocks mit ausreichend großen Stauräumen und guten Geräten.

Baureihe LMC Dominant

Wartet auf die Gäste: Die riesige Rundsitzgruppe im Bug des LMC Dominant 510.

- + Gute Verarbeitung und Ausstattung
- + Zeitloses Design und stimmige Farbkompositionen innen und außen
- + Gute Wintereignung durch ausreichende Isolierung des Aufbaus und serienmäßige Warmwasserbereitung
- - Mangelnde Bettenlänge der Einzelbetten
- - Geringe Zuladungsreserven ohne Auflastung
- - Stützlast kann bei unsachgemäßer Beladung leicht überschritten werden

Technik-Kompass

Baureihe: LMC Dominant
Beispieltyp: 510 RE
Hersteller: LMC Caravan GmbH
Chassis: Al-Ko-Einzelachse mit Längslenkern, drehstabgefedert mit Stoßdämpfern
Grundrissgestaltung: Mittelgroßer Wagen der Oberen Mittelklasse mit U-Sitzgruppe im Bug und Einzelbetten im Heck.
Grundrisse: Ähnlich Grundriss 6. Fast alle weiteren Grundrisse 2 bis 10 im Angebot.

Maße und Gewichte

Technisch zulässige Gesamtmasse kg: 1.300
Masse in fahrbereitem Zustand kg: 1.175
Abmessungen L x B x H mm: 6.854 x 2.295 x 2.565
Aufbaulänge mm: 5.663
Bettenmaße L x B mm: Bug 2.090 x 1.430, Heck 1 x 1.835 x 830, 1 x 2.000 x 830 mit Bettverlängerung

Auf- / Ausbau

Sitz- / Schlafplätze: 4 / 4
Kabinenbauweise: Sandwich mit Holzfachwerk, Alu Hammerschlag
Isolierung Dach / Wand / Boden: Material / Dicke in mm: Styropor / 26 / 26 / 30
Fenster Anzahl / Ausstellfenster: 6 / 6
Dachhauben: 3
Möbeldekor: Birne
Sanitärraum: Lage / Ausstattung: Mitte links / Duschwanne, Cassettentoilette Thetford C 2, Eckwaschbecken mit Unterschrank, Oberschränke, offene Ablagen

Bordtechnik

Heizung: Truma S 3002 mit Warmluftgebläse 230 V, Truma Therme
Frisch- / Abwasser / Pumpe: Tank 44 l / - / Tauchpumpe
Gasvorrat kg: 2 x 11
Bordstromversorgung / Netzgerät: Umformer 12 V / 90 W

Küchentechnik

Kocher: Gas / Edelstahl-Dreiflammenkocher in Verbindung mit Spüle und Abtropffläche, Restebecken
Kühlschrank: System / Inhalt / Gefrierfach l: Absorber / 60 / 5

Preise

Grundpreis neu Euro / Baujahr: 13.288,- / 1998
Schwacke-Bewertung II/2006: EK brutto 4.250,- Euro, VK brutto 4.950,- Euro

Varianten

Je nach Baujahr bis zu 58 Modelle unterschiedlicher Länge von 4.470 bis 7.720 mm.

1998 wurden die Wilk Modelle verjüngt und die Möbel der Baureihe De Luxe von Rahmenbauweise der Klappen und Türen auf glatte, gewölbte Fronten umgestellt. Den Luxuscharakter De Luxe unterstreichen Wandverkleidungen und Schabracken in Stoffdessin passend zu den Polstern. Die früher furnierten Möbeloberflächen wurden gegen folierte im Dessin Eisbeere getauscht. Die gesamte Einrichtung ist gut verarbeitet, die Ausstattung komplett. Der Sanitärraum ist ausreichend groß und ringsum aus weißem Kunststoff, pflegeleicht und durch farblich abgesetzte Türen und offene Ablagen nett anzusehen. Komplett auch der Küchenblock mit ca. 140 cm Breite. Ein Dunstabzug ist nach der Modellpflege nicht mehr an Bord, auch fehlen Auszugskörbe in den Unterschränken. Durch dicke Isolierung und serienmäßig zwei drehzahlgesteuerten Warmluftgebläsen in der Heizungsanlage erfüllt der De Luxe die Eignung zum Wintercamping. Die Ausmaße des beschriebenen 511 HTD sind noch gut für den Fahrbetrieb geeignet, seine Breite von 230 cm unterstützt dies positiv. Auf geeigneten Straßen läuft der Einachse problemlos hinterher und pendelt auch dank serienmäßigem Schlingerdämpfer wenig.

Baureihe Wilk De Luxe

Klassischer Paargrundriss mit längs angeordnetem Heckbett und Rundsitzgruppe im Bug

- + Solider Auf- und Ausbau
- + klassischer Grundriss mit großzügigen Platzverhältnisse
- + Bequeme Betten mit gutem Liegekomfort
- + Zuladung ausreichend für Zweipersonennutzung
- - Abmessungen für Fahrbetrieb an der Grenze
- - Möbeloberfläche seit Modellpflege 1998 nicht mehr furniert, sondern foliert
- - Serienausstattung teilweise nicht vollständig

Technik-Kompass

Baureihe: Wilk De Luxe, CI-Wilk Werke
Beispieltyp: 511 HTD
Hersteller: Wilk Caravan GmbH
Chassis: Al-Ko-Schräglenker-Einzelachse, gummigefedert mit Stoßdämpfern, Schlingerdämpfer AKS 2000
Grundrissgestaltung: Luxuswagen mit Rundsitzgruppe im Bug und Längsdopppelbett im Heck.
Grundrisse: Ähnlich Grundriss 5. Fast alle weiteren Grundrisse 2 bis 10 im Angebot.

Maße und Gewichte

Technisch zulässige Gesamtmasse kg: 1.500
Masse in fahrbereitem Zustand kg: 1.105
Abmessungen L x B x H mm: 7.020 x 2.300 x 2.600
Aufbaulänge mm: 5.630
Bettenmaße L x B mm: Bug aus Sitzgruppe 2.000 x 1.400, Heck 1.980 x 1.440

Auf- / Ausbau

Sitz- / Schlafplätze: 6 / 4
Kabinenbauweise: Sandwich mit Holzfachwerk, Alu-Glattblech hell
Isolierung Dach / Wand / Boden: Material Dicke in mm: Styropor / 31 / 27 / 40
Fenster Anzahl / Ausstellfenster: 6
Dachhauben: 2 + 1 Heki II
Möbeldekor: Elsbeere
Sanitärraum: Lage / Ausstattung: Heck rechts / Duschwanne, drehbare Cassettentoilette Thetford C 200, Eckwaschbecken mit Unterschränken, Hängeschränke, offene Ablagen

Bordtechnik

Heizung: Truma S 3002 mit 2 drehzahlgeregelten Warmluftgebläsen 12 V, Truma Therme
Frisch- / Abwasser / Pumpe: Tank 45 l + 15 l Nachfüllkanister / - / Tauchpumpe
Gasvorrat kg: 2 x 11
Bordstromversorgung / Netzgerät: 12 V Umformer / 140 W

Küchentechnik

Kocher: Gas / Edelstahl-Dreiflammenkocher in Kombination mit Spüle und Abtropffläche, Mikrowelle
Kühlschrank: System / Inhalt / Gefrierfach l: Absorber Electrolux / 77 / 8

Preise

Grundpreis neu DM / Euro / Baujahr: 15.211,- / 1999
Schwacke-Bewertung II/2006: EK brutto 4.850,- Euro, VK brutto 5.650,- Euro

Varianten

Je nach Baujahr bis zu 70 Modelle unterschiedlicher Längen von 4.610 bis 7.730 mm.

Die Baureihe Amara steht bei Bürstner für Luxuswagen in Mittel- und Oberklasse, die aber trotzdem bezahlbar bleiben. Die Reihe wurde von Bürstner 1993 aufgelegt und in einzelnen Modellen der Spezialedition Luxus bis 2005 gebaut. Für den beschriebenen Typ 535 zeigt einen klassischen Grundriss mit großem, quer gestellten Doppelbett im Bug und großer Rundsitzgruppe im Heck. Die Einrichtung mit Holzdekor Riegel Ahorn und Fronten mit Massivholzrahmen harmoniert gut mit den Dekostoffen, insgesamt sieben Fenster geben ausreichend Licht und Luft. Der Grundriss ist mit Doppelbett im Bug und riesiger U-Sitzgruppe im Heck ist für das alleinreisende Paar gedacht. Er bietet auch für Langzeitaufenthalte genügend Lebensraum. Dann allerdings sollte wegen der umfangreicheren Zuladung auf die früher optional angebotene Auflastung auf 1.500 kg geachtet werden, da 210 kg Zuladung dafür zu gering erscheinen.

Baureihe Bürstner Amara Luxus

Gediegener Luxus mit kompletter Serienausstattung waren die Vorteile der Amara-Serie von Bürstner.

- ➕ Luxuswagen mit bodenständiger Ausstattung und guter Verarbeitung
- ➕ Gute Nachlaufeigenschaften durch lange Deichsel
- ➕ Große Auswahl unterschiedlicher Grundrisse
- ➕ Für Langzeitaufenthalt geeignet
- ➖ relativ geringe Zuladung mit 210 kg
- ➖ Kleines Waschbecken und geringer Wasservorrat

Technik-Kompass

Baureihe:Bürstner Amara Luxus
Beispieltyp: 535 TL Luxus
Hersteller: Bürstner GmbH
Chassis: Al-Ko-Delta-Schräglenkerachse, gummigefedert mit Stoßdämpfern und Schlingerdämpfer AKS 2000
Grundrissgestaltung: Luxuriöses Zweipersonenfahrzeug mit Bug-Doppelbett und U-Sitzgruppe im Heck.
Grundrisse: Ähnlich Grundriss 5. Fast alle weiteren Grundrisse 2 bis 10 im Angebot.

Maße und Gewichte

Technisch zulässige Gesamtmasse kg: 1.360
Masse in fahrbereitem Zustand kg: 1.150
Abmessungen L x B x H mm: 7.200 x 2.300 x 2.540
Aufbaulänge mm: 5.850
Bettenmaße L x B mm: Bug 1.900 x 1.450, Heckdinette 2.130 x 1.560

Auf- / Ausbau

Sitz- / Schlafplätze: 5 / 4
Kabinenbauweise: Sandwich mit Holzfachwerk, Alu Hammerschlag, Bug und Heck ABS glatt
Isolierung Dach / Wand / Boden: Material / Dicke in mm: Styropor / 26 / 26 / 30
Fenster Anzahl / Ausstellfenster: 7 / 7
Dachhauben: 3
Möbeldekor: Riegelahorn mit Massivholzrahmen
Sanitärraum: Lage / Ausstattung: mitte rechts / Duschwanne, drehbare Cassettentoilette Thetford C 200, Waschbecken mit Unterschrank

Bordtechnik

Heizung: Truma S 3002 SL mit Warmluftgebläse 12 V und Drehzahlregelung. Truma Therme
Frisch- / Abwasser / Pumpe: Rolltank 22 l / - / Tauchpumpe
Gasvorrat kg: 2 x 11
Bordstromversorgung / Netzgerät: 12 V Umformer / 170 W

Küchentechnik

Kocher: Gas / Edelstahl-Dreiflammenkocher mit Glasabdeckung, in Arbeitsplatte eingelassen
Spüle: Edelstahl-Rundspüle mit Einhebelmischer, Holzabdeckung
Kühlschrank: System / Inhalt / Gefrierfach l: Absorber Elektrolux / 83 / 12

Preise

Grundpreis neu Euro / Baujahr: 18.511,- / 2000
Schwacke-Bewertung II/2006: EK brutto 6.450,- Euro, VK brutto 7.500,- Euro

Varianten

Je nach Baujahr bis zu 33 Modelle in unterschiedlichen Längen von 4.880 bis 8.250 mm.

Die Baureihe Beduin umfasst, je nach Baujahr, mit bis zu 51 Modellen das gesamte Spektrum der Grundrisse. In solider Ausführung und Ausstattung ist er prädestiniert sowohl als Einsteigerwagen als auch für den erfahrenen Caravaner. Der beschriebene 480 V bietet auf gerade mal 545 cm Aufbaulänge einen ausgewogenen Grundriss mit zwei Einzel-Festbetten im Bug und U-Hecksitzgruppe. Damit ist man auch dann gut bedient, wenn der Nachwuchs mitfährt. Zu zweit reist es sich komfortabel, die großen Stauräume ermöglichen auch einen längeren Aufenthalt. Die Ausführung ist routiniert und solide, die Ausstattung ebenfalls. Erfahrungsgemäß gibt es bei Dethleffs Caravans auch nach längerer Zeit wenig Beanstandungen bezüglich Dichtigkeit des Aufbaus und Haltbarkeit des Wagens, wenn die Inspektionen erledigt wurden. Eine solide Konstruktion ohne wesentliche Höhen und Tiefen. Großgewachsene tun sich allerdings schwer im Beduin, bei einer Stehhöhe von 191 cm bleibt für viele nicht genügend Kopffreiheit. Dafür klagen viele Kleingewachsene über zu große Sitztiefe an der U-Sitzgruppe. Hier ist Maßnehmen angesagt.

Baureihe Dethleffs Beduin

Der Dethleffs Beduin hat eine lange Tradition in der Luxusklasse. Hier die Version mit zwei Einzelbetten im Bug.

- + Große Modellauswahl durch breites Grundrissspektrum
- + Gute Verarbeitung und Ausstattung
- + Beste Fahreigenschaften durch gutes Chassis
- - Geringe Stehhöhe im Innenraum
- - Hohe Radlast links durch schweren Küchenblock ohne Gegengewicht rechts
- - Serienmäßig keine Außenstauklappen zu den Stauräumen

Technik-Kompass

Baureihe: Dethleffs Beduin
Beispieltyp: 480 V
Hersteller: Dethleffs GmbH
Chassis: Al-Ko-Einzelachse mit Delta-Achsrohr, Gummifederung, Stoßdämpfer.
Grundrissgestaltung: Mittelgroßer, bedingt familientauglicher Reisewagen mit zwei Festbetten und Heck-Rundsitzgruppe. .
Grundrisse: Ähnlich Grundriss 6. Fast alle weiteren Grundrisse 2 bis 10 im Angebot.

Maße und Gewichte

Technisch zulässige Gesamtmasse kg: 1.300
Masse in fahrbereitem Zustand kg: 1.155
Abmessungen L x B x H mm: 6.600 x 2.300 x 2.500
Aufbaulänge mm: 5.450
Bettenmaße L x B mm: Bug 2 x 1.940 x 860/800, Heck 2.100 x 1.480/1.320

Auf- / Ausbau

Sitz- / Schlafplätze: 4 / 4
Kabinenbauweise: Sandwich mit Holzfachwerk, Alu Hammerschlag
Isolierung Dach / Wand / Boden: Material / Dicke in mm: Styropor 24 / 20 / 30
Fenster Anzahl / Ausstellfenster: 7 / 7
Dachhauben: 3
Möbeldekor: Esche
Sanitärraum: Lage / Ausstattung: Mitte rechts / Duschwanne, Toilette Thetford C 200 drehbar, Schwenkwaschtisch über Toilette bei Duschenutzung, Spiegelschrank, Unterschrank, offene Ablagen.

Bordtechnik

Heizung: Truma S 3002 P mit Umluftanlage 230 V
Frisch- / Abwasser / Pumpe: Tank 38 l / - / Tauchpumpe
Gasvorrat kg: 2 x 11
Bordstromversorgung / Netzgerät: Umformer 30 VA

Küchentechnik

Kocher: Gas / Dreiflammkocher Edelstahl, kombiniert mit Spüle und Schneidbrett. Abdeckungen klappbar und teils als Arbeitsfläche benutzbar.
Kühlschrank: System / Inhalt / Gefrierfach l: Absorber / 73 / 5

Preise

Grundpreis neu Euro / Baujahr: 11.703,- / 1996
Schwacke-Bewertung II/2006: EK brutto 3.350,- Euro, VK brutto 3.900,- Euro

Varianten

Bis zu 51 Modelle unterschiedlicher Längen von 5.090 bis 7.910 mm.

Die Caravans von Fendt sind schon immer wegweisend bezüglich Verarbeitung, Solidität und Ausstattung. Der Platin macht hier keine Ausnahme. In der Baureihe finden sich alle üblichen Grundrisse vom kleinen Zweipersonenwagen bis zum Familiencaravan mit Etagenbett, Mittelsitzgruppe und Doppelbett. Der beschriebene 560 TG ist der Standardgrundriss für das alleinreisende Paar mit viel Platzanspruch, das mitunter die Enkel mitnimmt. In dieser Ausführung mit Eschedekor an den sauber verarbeiten Möbeln und passenden Dekostoffen vereint er Gemütlichkeit mit Zweckmäßigkeit. Das Besondere an der Baureihe wird schon außen betont durch das silbergraue Außenblech unterhalb der Gürtellinie mit den fendttypischen Applikationen. Dieses Dekor in Verbindung mit der flachen Dachlinie streckt den Wagen und gibt ihm sein unverwechselbares Äußeres.

Die Fahreigenschaften sind mit dem Al-Ko-Chassis und dem serienmäßigen Schlingerdämpfer ohne Tadel, die Nachlaufeigenschaften ebenfalls. Für den Zweipersonenwagen reicht die Zuladung aus.

Baureihe Fendt Platin

Üppiger Luxus für das allein reisende Paar im Fendt Platin.

- + Saubere Verarbeitung innen und außen
- + Eleganter Möbelbau mit guter Serienausstattung
- + Sichere Fahreigenschaften dank serienmäßigem Schlingerdämpfer und Al-Ko-Chassis
- + Komplett ausgestattete Küche mit serienmäßiger Mikrowelle und genügend Stauraum
- + unverwechselbares Äußeres durch Zweifarblackierung und klare Dachlinie
- - durch geringen Wertverlust hohe Gebrauchtpreise
- - relativ geringes Gebrauchtwagenangebot

Technik-Kompass

Baureihe: Fendt Platin
Beispieltyp: 560 TG
Hersteller: Fendt Caravan GmbH
Chassis: Al-Ko-Euro-Delta-Schräglenkerachse, gummigefedert mit Stoßdämpfern, Schlingerdämpfer AKS 2000
Grundrissgestaltung: Einzelbetten im Bug, U-Sitzgruppe im Heck, umbaubar zum Doppelbett.
Grundrisse: Ähnlich Grundriss 6. Fast alle weiteren Grundrisse 2 bis 10 im Angebot.

Maße und Gewichte

Technisch zulässige Gesamtmasse kg: 1.600
Masse in fahrbereitem Zustand kg: 1.421
Abmessungen L x B x H mm: 7.520 x 2.300 x 2.580
Aufbaulänge mm: 6.150
Bettenmaße L x B mm: Bug-Einzelbetten: 1 x 2.000 x 800, 1 x 1.900 x 800, Heckbett 2.110 x 1.540

Auf- / Ausbau

Sitz- / Schlafplätze: 5 / 4
Kabinenbauweise: Sandwich mit Holzfachwerk, Alu-Hammerschlag
Isolierung Dach / Wand / Boden: Material / Dicke in mm: Styropor / 30 / 30 / 45
Fenster Anzahl / Ausstellfenster: 8 / 8
Dachhauben: 2
Möbeldekor: Esche
Sanitärraum: Lage / Ausstattung: Mitte rechts / Duschwanne, Eckwaschbecken mit Unterschränken, Hängeschrank, offene Ablagen, Cassettentoilette Thetford C 2

Bordtechnik

Heizung: Truma S 55 T mit Warmluftgebläse 230 V, Truma Therme
Frisch- / Abwasser / Pumpe: Tank 22 l / - / Tauchpumpe
Gasvorrat kg: 2 x 11
Bordstromversorgung / Netzgerät: 12-V-Umformer 140 W

Küchentechnik

Kocher: Gas / Edelstahlkocher dreiflammig in Verbindung mit Spüle, Mikrowelle
Kühlschrank: System / Inhalt / Gefrierfach l: Absorber / 80 / 7

Preise

Grundpreis neu Euro / Baujahr: 16.034,- / 2000
Schwacke-Bewertung II/2006: EK brutto 5.850,- Euro, VK brutto 6.980,-Euro

Varianten

Je nach Baujahr bis zu 33 Modelle unterschiedlicher Länge von 4.550 bis 7.460 mm.

Die Erfolgsbaureihe Prestige läuft bei Hobby seit 1971 vom Band. Zur Jahrtausendwende wurde sie komplett überarbeitet und modernisiert. Die nicht mehr zeitgemäße Einrichtung in Eiche profiliert, dem »Gelsenkirchener Barock«, wich einer schlichteren Escheausstattung mit nur noch leicht angedeuteten Massivholzrahmen an den Fronten. Die Küche wurde komplett umgestaltet, erhielt statt einer massiven Holzabdeckung einen in die Arbeitsplatte eingelassenen Herd und passende Spüle, beide in Edelstahl und mit Glasabdeckung. Dazu bietet sie eine seitliche Arbeitsplatte und großzügigen Stauraum. Serienmäßig wurde eine Mikrowelle eingebaut. Der beschriebene Typ 540 UL ist mit Einzelbetten im Bug und großer U-Sitzgruppe im Heck geräumig und auch für den Urlaub zu viert ein guter Kauf. Alternativgrundrisse sind bei gleicher Länge der 540 UF mit festem Doppelbett und der 540 UK mit Etagenbett und zusätzlicher Dinette für Kinder.

Die umfangreiche Baureihe bietet alle gebräuchlichen Längen und Grundrisslösungen und ist auf dem Markt gut sortiert. Auch außen erfuhr die Baureihe eine Modernisierung mit neuem Heckabschluss und Lackdesign. Geblieben ist das Fahrwerk mit Knott-Schräglenkerachse, Stoßdämpfern und Winterhoff-Schlingerdämpfer, die gute Fahrsicherheit bieten.

Baureihe Hobby Prestige

Viel Platz und Bewegungsfreiheit im Hobby Prestige 540 UL.

- \+ Solider Aufbau und Ausbau
- \+ Komplette Ausstattung einschließlich Mikrowelle und Therme
- \+ Große Auswahl an Grundrissen und Längen
- \+ Gute Fahreigenschaften durch Schräglenkerachse und Schlingerdämpfer
- \- Modelle vor 2000 mit nicht mehr zeitgemäßem Interieur in antiker Eiche
- \- Eingeschränkte Wintereignung durch schwache Heizung in Bezug auf die Länge des Wagens

Technik-Kompass

Baureihe: Hobby Prestige
Beispieltyp: 540 UL
Hersteller: Hobby Caravans GmbH
Chassis: Knott-Schräglenker-Einzelachse, drehstabgefedert mit Stoßdämpfern, Schlingerdämpfer Winterhoff WS 3000
Grundrissgestaltung: Einzelbettenwagen mit U-Sitzgruppe im Heck. .
Grundrisse: Ähnlich Grundriss 6. Fast alle weiteren Grundrisse 2 bis 10 im Angebot.

Maße und Gewichte

Technisch zulässige Gesamtmasse kg: 1.550 optional 1.600
Masse in fahrbereitem Zustand kg: 1.340
Abmessungen L x B x H mm: 7.371 x 2.330 x 2.530
Aufbaulänge mm: 6.055
Bettenmaße L x B mm: Bug 2 x 1.920 x 830, Heck 1.950 x 1.300

Auf- / Ausbau

Sitz- / Schlafplätze: 5 / 4
Kabinenbauweise:Sandwich mit Holzfachwerk, Alu Hammerschlag
Isolierung Dach / Wand / Boden: Material / Dicke in mm: Styropor 25 / 25 / 35
Fenster Anzahl / Ausstellfenster: 7 / 7
Dachhauben: 2
Möbeldekor: Esche mit Massivholzrahmen
Sanitärraum: Lage / Ausstattung: Mitte rechts / Duschwanne, Thetford C 2 Cassettentoilette, Eckwaschbecken mit Unterschrank, Hängeschrank, offene Ablagen

Bordtechnik

Heizung: Truma S 3002, Warmluftgebläse 12 V drehzahlgeregelt, Truma Therme
Frisch- / Abwasser / Pumpe: Rolltanks 25 / 25 / Tauchpumpe
Gasvorrat kg: 2 x 11
Bordstromversorgung / Netzgerät: 12 V Umformer 120 W

Küchentechnik

Kocher: Gas / Edelstahl Dreiflammenkocher mit Glasabdeckung, Mikrowelle
Spüle: Edelstahl mit Glasabdeckung
Kühlschrank: System / Inhalt / Gefrierfach l: 105 / 12

Preise

Grundpreis neu Euro / Baujahr: 13.242,- / 2000
Schwacke-Bewertung II/2006: EK brutto 5.200,- Euro, VK brutto 6.050,- Euro

Varianten

Je nach Baujahr bis zu 50 Modelle unterschiedlicher Längen von 4.220 bis 7.960 mm.

Mitglied in der Oberklasse bedeutet bei Caravans nicht unbedingt Länge. Nach wie vor beliebt sind kompakte Wagen für zwei mit entsprechend luxuriöser Ausstattung, herausragender Verarbeitung und Technik. Dazu gehört bei Knaus die Baureihe Azur. Sie repräsentiert dezenten Luxus bereits in Gewichtsklassen, die von jedem Mittelklassewagen gezogen werden dürfen. Ein gutes Beispiel ist der beschriebene 450 TF, der allerdings nur von 2000 bis 2003 gebaut wurde. Er bietet den auch bei Reisemobilen so beliebten Grundriss mit Doppelbett im Heck und daneben längs angeordnetem Sanitärraum. Dazu kommt die große Bugsitzgruppe, die auch mal die Mitnahme von zwei Kindern oder Enkeln gestattet, mindestens aber eine gemütliche Sitzgruppe für die abendliche Plauder- oder Schmökerstunde abgibt. Den Möbeln in Kirschedekor mit dezenten Massivholzrahmen an den Fronten sieht man die Oberklasse sofort an, ihre Verarbeitung ist rundum gekonnt, die Passungen einwandfrei und die Beschläge ebenfalls. Das gilt auch für die Polstermaterialien. Hier ist lange Haltbarkeit und gutes Sitzen / Schlafen angesagt. Trotz relativ kurzer Deichsel hat der Azur mit seinem serienmäßigen Schlingerdämpfer AKS 2004 ein gutes Pendelverhalten und beste Fahreigenschaften.

Baureihe Knaus Azur

Sachlich und praktisch: Die Bugsitzgruppe im Knaus Azur.

- + Dezenter Luxus bereits in der Gewichtsklasse für Mittelklasse-PKW
- + Solide, saubere Verarbeitung
- + Einwandfreie Passungen
- + Komplette Ausstattung
- - Hohe Gebrauchtpreise durch geringen Wertverlust
- - Relativ kurze Deichsel

Technik-Kompass

Baureihe: Knaus Azur
Beispieltyp: 450 TF Komfort
Hersteller: Knaus GmbH
Chassis: Al-Ko-Delta-Schräglenker-Einzelachse, gummigefedert mit Stoßdämpfern, Schlingerdämpfer AKS 2004
Grundrissgestaltung: U-Sitzgruppe im Bug, Doppelbett längs im Heck, daneben Sanitärraum.
Grundrisse: Ähnlich Grundriss 5. Fast alle weiteren Grundrisse 2 bis 10 im Angebot.

Maße und Gewichte

Technisch zulässige Gesamtmasse kg: 1.300, optional 1.400 – 1.600
Masse in fahrbereitem Zustand kg: 1.160
Abmessungen L x B x H mm: 6.530 x 2.290 x 2.540
Aufbaulänge mm: 6.170
Bettenmaße L x B mm: Bug 1.980 x 1.480 / 1.190

Auf- / Ausbau

Sitz- / Schlafplätze: 5 / 4
Kabinenbauweise: Sandwich mit Holzfachwerk, Alu Hammerschlag
Isolierung Dach / Wand / Boden: Material Dicke in mm: Styropor / 30 / 30 / 35
Fenster Anzahl / Ausstellfenster: 7 / 7
Dachhauben: 1 + 1 Heki II
Möbeldekor: Kirsche mit Massivholzrahmen
Sanitärraum: Lage / Ausstattung: Heck rechts / Duschwanne, drehbare Cassettentoilette Thetford C 200 CW, Waschbecken ausgelagert mit 2 Unterschränken und offenen Ablagen

Bordtechnik

Heizung: Truma S 3002 mit Automatikzünder, Warmluftgebläse 12 V, drehzahlgesteuert, Truma Therme
Frisch- / Abwasser / Pumpe: Tank / 45 l / Tauchpumpe
Gasvorrat kg: 2 x 11
Bordstromversorgung / Netzgerät: 12 V Umformer 350 W

Küchentechnik

Kocher: Gas / Edelstahl-Dreiflammenkocher mit Hartglasabdeckung, Dunstabzugshaube
Spüle: Edelstahl mit Hartglasabdeckung
Kühlschrank: System / Inhalt / Gefrierfach l: Absorber Dometic / 83 / 12

Preise

Grundpreis neu Euro / Baujahr: 13.166,- / 2000
Schwacke-Bewertung II/2006: EK brutto 5.250,- Euro, VK brutto 6.100,- Euro

Varianten

Je nach Baujahr bis zu 50 Modelle unterschiedlicher Länge von 4.520 bis 8.120 mm.

Die Exklusiv-Baureihe von Dethleffs markiert die Luxusklasse des Herstellers aus Isny. Vielfach baugleich mit der Beduin-Serie, haben die Allgäuer in ihre Top-Klasse alles reingepackt was gut und teuer war. Zur Serienausstattung gehörte eine Möblierung in Echtholz, lackiert mit Wurzelahorn, massive Messinggriffe und -beschläge, besonders profilierte Polster und eine Ausrüstung mit den feinsten Geräten, die zu haben war. Dennoch war dem Exklusiv, der von 1991 bis 2004 in sechs Aufbaugrößen mit neun Grundrissvarianten am Markt war, kein allzu großer Erfolg beschieden. Ab 2005 ersetzten der Exklusiv Emotion und der Exklusiv VIP, die teilweise bisher als Sondermodellreihe zum Standard-Exklusiv liefen, die komplette Exklusiv-Reihe. Zu Preisen zwischen 19.990,- bis 26.274,- Euro in der Grundausstattung bietet Dethleffs neun Grundrissvarianten in fünf Aufbaugrößen an. Auch hier wieder Echtholz-Mobiliar in edler Wurzelholzoptik, viel Messing und hochwertigste Materialien und auf Wunsch mit einer metallic-champagner-farbigen Außenlackierung.

Baureihe Dethleffs Exclusiv

Gediegener Luxus mit viel Platz im gemütlichen Wohnraum.

Die Dethleffs-Küche glänzt mit Platz und Ausstattung

- **+** hochwertige Qualität, sehr komplette Ausstattung
- **+** bequeme U-Sitzgruppe für sechs Personen im Heck
- **+** ausreichend Stauraum in Hängeschränken und Kleiderschrank
- **+** relativ hohe Wertstabilität
- **-** 400 kg Zuladung für einen Vierpersonenwagen gerade ausreichend
- **-** geringes Angebot am Markt, hoher Gebrauchtpreis
- **-** hohes Eigengewicht

Technik-Kompass

Baureihe: Dethleffs Exclusiv
Beispieltyp: 760 DB
Hersteller: Dethleffs GmbH
Chassis: Alko TSR-Tandemachse mit Lastenausgleich, Stoßdämpfer, Schlingerdämpfer
Grundrissgestaltung: Großzügiger Luxuscaravan für bis zu vier Personen.
Grundrisse: Ähnlich Grundriss 6. Fast alle weiteren Grundrisse 2 bis 10 im Angebot.

Maße und Gewichte

Technisch zulässige Gesamtmasse kg: 1.900
Masse in fahrbereitem Zustand kg: 1.500
Abmessungen L x B x H mm: 8.960 x 2.500 x 2.470
Aufbaulänge mm: 7.780
Bettenmaße L x B mm: Bugbett 1.950 x 1.650, Bett aus Sitzgruppe 1.840 x 685,

Auf- / Ausbau

Sitz- / Liegeplätze: 6 / 4
Kabinenbauweise: Sandwich mit Holzfachwerk, Alu Hammerschlag
Isolierung Dach / Wand / Boden: Material Dicke in mm: PU-Schaum / 35 / 25 / 44
Fenster Anzahl / Ausstellfenster: 8 / 8
Dachhauben: 4
Möbeldekor: Eiche Echtholz, lackiert, mit Wurzelahorn
Sanitärraum: Lage / Ausstattung: Mitte links / Cassetten-Toilette, drehbar, schwenkbares Waschbecken, Duschwanne, 1 Wandschrank, 1 Unterschrank, offene Ablagen, 1 Spiegelschrank

Bordtechnik

Heizung: Gasheizung Trumatic S 5002 mit 230-V-Umluftanlage und Truma Therme
Frisch- / Abwasser / Pumpe: Rolltank 11 l / - Tauchpumpe
Gasvorrat kg: 2 x 11
Bordstromversorgung / Netzgerät: Umformer 12 V / 200 W

Küchentechnik

Kocher: Gas / dreiflammig, Dunstabzug
Spüle: Kombination mit Herd und Abtropffläche
Kühlschrank: System / Inhalt l / Gefrierfach l: Absorber / 72 / 7

Preise

Grundpreis neu Euro / Baujahr: 20.170,- / 1994
Schwacke-Bewertung II/2006: EK brutto 3.550,-, Euro, VK brutto 4.100,- Euro

Varianten

Insgesamt neun unterschiedliche Grundrisse in Längen von 5.300 bis 7.600 mm

Vorbild für die Luxusbaureihe Moving war ein Reisemobil von Hymer, nämlich die B-Klasse. 1996 startet Hymer die Reihe mit drei sehr automotiv gezeichneten Modellen 490, 530 und 545, deren Grundrisse vom bereits erwähnten Reisemobil Hymer B-Klasse abgeleitet wurden. 1998 kamen die Modelle 475, 540 und 620 hinzu, im Jahr 2004 erhielt die Serie ein Komplettierung auf 13 Grundrissvarianten in 13 Aufbaulängen. Charakteristisch zeigt sich die Modellreihe mit einem aerodynamischen Bug und Heck in GfK und einem automotiv Außendesign in glattem Alu-Blech. 2005 konzipiert Hymer sein Caravan-Programm neu und macht aus der Eriba Moving-Serie die Premiumreihe Eriba Nova, die mit nur geringfügigen Änderungen bei fast identischen Grundrissen und Aufbaulängen wie die früheren Moving-Modelle aufwartet.

Baureihe Eriba Moving

Aus dem Reisemobilbau von Hymer entlehnt: Die Grundrissvarianten des Eriba Moving, hier mit einem quer angeordneten Heckbett.

- + Aerodynamisches, automotives Außendesign
- + bequeme U-Sitzgruppe im Heck
- + beliebter Paargrundriss mit Einzelbetten im Bug
- + hohe Wertstabilität, hochwertige Ausstattung und Ausrüstung
- - 270 kg Zuladung für einen Vierpersonenwagen nicht üppig
- - damals recht teuer, deshalb hoher Gebrauchtpreis

Technik-Kompass

Baureihe: Hymer Moving
Beispieltyp: 620
Hersteller: Hymer AG
Chassis: Alko-Tandemachse Schräglenkerachse, Stoßdämpfer, Schlingerdämpfer
Grundrissgestaltung: Großzügiger Luxuscaravan für bis zu vier Personen.
Grundrisse: Ähnlich Grundriss 6. Fast alle weiteren Grundrisse 2 bis 10 im Angebot.

Maße und Gewichte

Technisch zulässige Gesamtmasse kg: 1.800
Masse in fahrbereitem Zustand kg: 1.530
Abmessungen L x B x H mm: 8.130 x 2.400 x 2.620
Aufbaulänge mm: 6.200
Bettenmaße L x B mm: Bugbett 2.330 x 1.850, Heckbett 1.940 x 1.620

Auf- / Ausbau

Sitz- / Liegeplätze: 6 / 4
Kabinenbauweise: Sandwich Pual, Alu Glattblech
Isolierung Dach / Wand / Boden: Material Dicke in mm: Styropor / 30 / 30 / 30
Fenster Anzahl / Ausstellfenster: 6 / 6
Dachhauben: 2
Möbeldekor: Tessiner Apfelbaum
Sanitärraum: Lage / Ausstattung: Mitte rechts / Cassetten-Toilette, drehbar, schwenkbares Waschbecken, Duschwanne, 1 Wandschrank, 1 Unterschrank, offene Ablagen, 1 Spiegelschrank

Bordtechnik

Heizung: Gasheizung Trumatic S 5002 mit Umluftanlage und Truma Therme
Frisch- / Abwasser / Pumpe: Tank 25 l / Rolltank 11 l / Druckpumpe
Gasvorrat kg: 2 x 11
Bordstromversorgung / Netzgerät: Umformer 12 V / 200 W

Küchentechnik

Kocher: Gas / Edelstahl dreiflammig, Dunstabzug
Spüle: Kombination mit Herd und Abtropffläche
Kühlschrank: System / Inhalt l / Gefrierfach l: Absorber / 90 / 10

Preise

Grundpreis neu Euro / Baujahr: 21.980,- / 1998
Schwacke-Bewertung II/2006: EK brutto 5.900,- Euro, VK brutto 6.850,- Euro

Varianten

Insgesamt zehn unterschiedliche Grundrisse in 13 Längen von 3.900 bis 6.800 mm

Die Luxusklasse von Fendt zeichnet sich bei den großen Caravans trotz 250 cm Breite und Tandemfahrgestell durch gute Reiseeigenschaften aus. Die zweifarbige Lackierung mit silbergrau-blauem Unterteil und hellem Oberteil machen die Diamant-Serie unverwechselbar. Dazu zählt auch die fendttypische, integrierte Einstiegstufe, die einen Hocker überflüssig macht. Innen herrscht konservative Einheit vor, der Innenraum harmoniert gut mit den Echtholzmöbeln in Eiche, deren Korpuss mit Eiche-Finelinefurnier und Massivholzfronten mit Rahmen und Füllung in Eiche gefertigt sind. Vollständig die Ausstattung der Küche, die jedoch mit einem Meter Breite sehr klein geraten ist. Der Sanitärraum ist ganz in Kunststoff gehalten und mit Banktoilette, Eckwaschtisch und Duschtasse klassenüblich ausgestattet, die Schränke sind groß genug. In Verbindung mit guter Isolierung und kräftiger Heizung mit 5.500 Watt Leistung ist Wintercamping möglich. Dazu ist jedoch die Nachrüstung eines kräftigeren Gebläses in der Warmluftanlage zur besseren Überbrückung der langen Leitungswege angeraten.

Baureihe Fendt Diamant

Helle Eiche mit massivem Möbelbau beherrscht die innen konservativ gestaltete Diamant-Baureihe.

Ferienhaus mit Einzelbetten im abtrennbaren Schlafzimmer

- + Solider Aufbau mit guter Wärmedämmung und widerstandsfähigem Hammerschlagblech
- + Möbelbau in Echtholzfurnier mit Massivholzfronten
- + Komplette Ausstattung
- + Große Auswahl auf dem Markt durch breites Modellspektrum
- − geringe Zuladung
- − Hohes Eigengewicht durch solide Konstruktion
- − kleine Küchenzeile ohne Ablagemöglichkeiten

Technik-Kompass

Baureihe: Fendt Diamant
Beispieltyp: 650 TF
Hersteller: Fendt GmbH
Chassis: Al-Ko-Tandemachse, Stoßdämpfern, Schlingerdämpfer AKS 2000
Grundrissgestaltung: Luxuswagen mit franz. Doppelbett im Bug und großer U-Sitzgruppe im Heck.
Grundrisse: Ähnlich Grundriss 5. Fast alle weiteren Grundrisse 2 bis 10 im Angebot.

Maße und Gewichte

Technisch zulässige Gesamtmasse kg: 1.800
Masse in fahrbereitem Zustand kg: 1.590
Abmessungen L x B x H mm: 8.410 x 2.500 x 2.570
Aufbaulänge mm: 7.050
Bettenmaße L x B mm: Bug 2.000 x 1.500, Heck 2.320 x 1.880

Auf- / Ausbau

Sitz- / Liegeplätze: 6 / 4
Kabinenbauweise: Sandwich mit Holzfachwerk, Alu Hammerschlag
Isolierung Dach / Wand / Boden: Material / Dicke in mm: Styropor 45 / 30 / 50
Fenster Anzahl / Ausstellfenster: 8 / 8
Dachhauben: 1 + 1 Heki I
Möbeldekor: Echtholzfurnier Eiche hell, Fronten Eiche massiv
Sanitärraum: Lage / Ausstattung: Mitte links / Cassetten-Toilette Thetford C 2, Eckwaschbecken mit Unterschrank, Duschwanne, Schränke und offene Ablagen

Bordtechnik

Heizung: Truma S 5002 mit Warmluftgebläse 12 V drehzahlgesteuert, Truma Therme
Frisch- / Abwasser / Pumpe: Tank 50 l / 22 l Rolltank / Druckpumpe
Gasvorrat kg: 2 x 11
Bordstromversorgung / Netzgerät: Umformer 12 V / 200 W

Küchentechnik

Kocher: Gas / Edelstahl-Dreiflammenkocher in Kombination mit Spüle und Abtropffläche, Dunstabzug
Kühlschrank: System / Inhalt / Gefrierfach l: Absorber / 80 / 10

Preise

Grundpreis neu Euro / Baujahr: 22.255,- / 1998
Schwacke-Bewertung II/2006: EK brutto 5.700,- Euro, VK brutto 6.600,- Euro

Varianten

Je nach Baujahr bis zu 25 Modelle unterschiedlicher Länge von 4.100 bis 7.400 mm.

Die Spitzenbaureihe Exclusive des Marktführers Hobby war trotz kompletter Ausstattung relativ günstig in der Anschaffung. Sie umfasste 32 Grundrissvarianten bei neun Fahrzeuglängen und galt als vollständige Reihe vom kleinen Kompaktcaravan 440 bis zum Tandemachser 720. Sie wurde von 1997 bis 2005 gebaut und dann von der Baureihe Excelsior abgelöst. Das Kennzeichen der Erfolgsmodelle waren ein schlichtes Außendesign, dafür aber eine luxusbetonte, überkomplette Serienausstattung bei relativ günstigem Preis. Die beschriebene Modellvariante UMFe ist mit einer Rundsitzgruppe im Heck, einer Mittelsitzgruppe und einem französischem Doppelbett im Bug ausgestattet. Die Küche ist ausreichend ausgestattet, die Mikrowelle im Unterschrank kommt dem Schwerpunkt zugute. Das fehlende Fenster im Sanitärraum wir durch eine Ventilator-Dachhaube ersetzt, die Ausstattung ist komplett und praxisbezogen.

Baureihe Hobby Exclusive

Geschmackvoller Wohnraum mit kompletter Ausstattung.

Mit Rund- und Mittelgruppe bietet der Hobby Platz für den bunten Clubabend.

- + Gelungene Grundrissaufteilung mit separatem Kinderzimmer
- + Bequeme U-Sitzgruppe im Heck
- + Ausreichend Stauraum in Hängeschränken und Kleiderschrank
- + Komplette Ausstattung, auch in der Küche
- + günstige Gebrauchtpreise
- - Nicht überall gutes Finish in der Verarbeitung
- - wegen durchschnittlicher Isolierung nicht 100% winterfest

Technik-Kompass

Baureihe: Hobby Exclusive
Beispieltyp: 650 UMFe
Hersteller: Hobby GmbH
Chassis: BPW, Knott Tandemachse mit Lastenausgleich, Stoßdämpfer, Schlingerdämpfer WS 3000 H
Grundrissgestaltung: Großer Mehrpersonen-Luxuscaravan.
Grundrisse: Ähnlich Grundriss 9. Fast alle weiteren Grundrisse 2 bis 10 im Angebot.

Maße und Gewichte

Technisch zulässige Gesamtmasse kg: 1.900
Masse in fahrbereitem Zustand kg: 1.490
Abmessungen L x B x H mm: 8.400 x 2.500 x 2.530
Aufbaulänge mm: 6.600
Bettenmaße L x B mm: Bugbett 2.000 x 1.600, Dinette 1.680 x 850, Heckbett 2.300 x 1.710

Auf- / Ausbau

Sitz- / Liegeplätze: 6 / 5
Kabinenbauweise: Sandwich mit Holzfachwerk, Alu Hammerschlag
Isolierung Dach / Wand / Boden: Material Dicke in mm: Polystyrol / 27 / 27 / 32
Fenster Anzahl / Ausstellfenster: 8 / 8
Dachhauben: 2, 1 Thermodachfenster
Möbeldekor: Esche
Sanitärraum: Lage / Ausstattung: vorne rechts / Cassetten-Banktoilette, Eck-Waschbecken, Duschwanne, 1 Wandschrank, 1 Unterschrank, offene Ablagen, 2 Spiegel

Bordtechnik

Heizung: Gasheizung Trumatic S 5002 mit 230-V-Umluftanlage und Truma Therme
Frisch- / Abwasser / Pumpe: Tank 23 l / Tank 23 l / Tauchpumpe
Gasvorrat kg: 2 x 11
Bordstromversorgung / Netzgerät: Umformer 12 V / 200 W

Küchentechnik

Kocher: Gas / Dreiflammen-Edelstahl, zusätzlich Mikrowelle, in Kombination mit Spüle und Abtropffläche, Vorrüstung für Dunstabzug
Kühlschrank: System / Inhalt l / Gefrierfach l: Absorber 80 / 7

Preise

Grundpreis neu Euro / Baujahr: 15.513,- / 1999
Schwacke-Bewertung II/2006: EK brutto 4.800,- Euro, VK brutto 5.550,- Euro

Varianten

Insgesamt 32 unterschiedliche Grundrisse in Längen von 4.550 bis 7.960 mm

Der Namen Kabe steht für massive, solide Caravans, steht für Wintercamping bei Eis, Schnee und heftigen Minusgrade. Seit der Gründung im Jahr 1963 durch Kurt Blomquist (Kürzel KB) hat sich das Unternehmen von einer Einmann-Garagen-Werkstatt zu einem börsennotierten Konzern weiterentwickelt. Die Kabe Husvagnar AB baut in Tenhult, 10 km von der Stadt Jönköping entfernt am Südende des Vätternsees, Wohnwagen und Wohnmobile und realisiert einen Gesamtumsatz gut 100 Mio. Euro bei gut 380 Mitarbeitern. Bekannt und gesucht sind Kabe-Wohnwagen, als Marktführer in Skandinavien, wegen ihrer soliden Bauweise und die schon in der Standardausführung überkomplette Ausstattung wie beispielsweise die Wasser-Fußbodenheizung und die üppige Isolierung und Belüftung. Zudem bietet Kabe als bisher erster und einziger Wohnwagen-Hersteller ein Einrichtungskonzept an, das im Baukastensystem dem Kunden erlaubt, unter unterschiedlichen Einrichtungskombinationen zu wählen und seine eigenen, auf den persönlichen Geschmack zugeschnittenen Wohnwagen zusammenzustellen. Die Royal-Serie reicht von der Oberklasse bis hin zur Luxusklasse. Sie bietet acht Grundrissvarianten bei sechs Modellen von 560 bis 780 cm Länge an. In Deutschland importiert die Travel Car GmbH in Isny die Kabe Wohnwagen, vier Händler betreuen die Kunden.

Baureihe Kabe Royal

Viel Platz und gediegener Luxus im Innenraum zeichnet die großen Kabe-Hänger aus.

- + Sehr solider, winterfester Aufbau mit optimaler Wärmedämmung und Heizung
- + Massiver Möbelbau
- + Komplette Serienausstattung
- + sehr guter Wiederverkaufswert
- − teilweise Finishprobleme beim Möbelbau
- − hoher Anschaffungspreis, geringes Angebot am Markt
- − sehr kleines Händlernetz
- − hohes Eigengewicht durch solide Konstruktion

Technik-Kompass

Baureihe: Kabe Royal
Beispieltyp: 780 GLX
Hersteller: Kabe Husvagnar AB, S-56027 Tenhult, www.kabe.se
Chassis: BPW-Doppelachse, Längslenker mit Stoßdämpfern, Schlingerdämpfer
Grundrissgestaltung: Luxuswagen mit Doppelbett längs im Heck und großer U-Sitzgruppe im Bug.
Grundrisse: Ähnlich Grundriss 9. Fast alle weiteren Grundrisse 2 bis 10 im Angebot.

Maße und Gewichte

Technisch zulässige Gesamtmasse kg: 2.000
Masse in fahrbereitem Zustand kg: 1.750
Abmessungen L x B x H mm: 8.950 x 2.500 x 2.540
Aufbaulänge mm: 7.800
Bettenmaße L x B mm: Dinette 1.920 x 890, Bugbett 1.250 x 1.650, Heckbett 2.000 x 1.650

Auf- / Ausbau:

Sitz/Schlafplätze: 8 / 6
Kabinenbauweise: Sandwich
Isolierung Dach / Wand / Boden: Material / Dicke mm: Ecoprim geschlossenzellig / 36 / 36 / 36
Fenster Anzahl / Ausstellfenster: Rahmenfenster / je nach Ausführung bis 9/9
Dachhauben: bis 4
Möbeldekor: Kirsche
Sanitärraum: Lage / Ausstattung: Mitte links vor Heckbett / Thetford-Cassettentoilette drehbar, Waschtisch mit Ablageplatte, Auf- / Ausbau

Bordtechnik

Heizung: Alde Compact 3000 Warmwasser mit Fußbodenheizung
Heizung / Art / Fabrikat / Typ / Wärmemittel: Gas + Elektro / Alde Compact 3000 / Warmwasser-Fußbodenheizung + Konvektoren + Trockenschrank
Frisch- / Abwasser l: Tank 40 / Tank 15 + Abwassersack außen
Wasseranlage / Pumpe: Tauchpumpe
Gasvorrat kg: 2 x 11
Bordstromversorgung / Netzgerät: Umformer 12 V / 500 W

Küchentechnik

Kocher: Gas / Edelstahl-Dreiflammenkocher in Kombination mit Spüle und Abtropffläche, SMEV-Grill mit Backofen
Kühlschrank: System / Inhalt / Gefrierfach l: Absorber / 145 / 30

Preise

Grundpreis neu Euro / Baujahr: 42.150,- / 2001
Schwacke-Bewertung II/2006: EK brutto 12.850,- Euro, VK brutto 14.900,- Euro

Varianten

6 Versionen in unterschiedlicher Länge von 7.200 bis 8.950 mm.

Seit 1991 bildet der Knaus Eurostar die Luxusklasse der Knaus Wohnwagen. Er basierte auf dem Oberklassemodell Azur und unterschied sich durch eine hochwertige, luxuriöse Ausstattung und der Verwendung von Alu-Glattblech bei der Außenhaut. Ab der Saison 1997 begann Knaus nach 40 Jahren Produktion erstmals mit einer tiefgreifenden Strukturierung seiner Modellpolitik, das Ziel war es, den »Wildwuchs« an Modellen, die sich nicht in eine wirtschaftliche Serienherstellung einpassen ließen, aus dem Programm zu nehmen. So gab es bei allen Knaus Wohnwagen nur noch sechs Aufbaulängen von 4 m bis 7,50 m, die in einer Art Plattformkonzept beim Chasssis, dem Möbelkorpus und den Einbauelementen vereinheitlicht wurden. Die Traditionsbaureihen Südwind, Azur und Eurostar wurden baugleich in diesen sechs Längen mit einheitlich 14 Grundrissvarianten angeboten. Der Kunde hatte in dieser Klasse nur noch die Wahl zwischen den drei Typen und zwei Polsterstoff-Varianten, Extrawünsche wurde von sogenannten Paket-Lösungen abgedeckt. Komplett - und erfolgreich - erneuert wird die gesamte Reihe in er Saison 2005: Heute bietet die Baureihe Eurostar, die für den gesamten europäischen Markt konzipiert war, noch zwei Aufbaulängen (Modelle 550 und 580) mit vier Grundrissvarianten an.

Baureihe Knaus Eurostar

Die gemütliche Rundsitzgruppe im Knaus Eurostar.

- ⊞ Großzügige Grundrissaufteilung mit separaten Stockbetten im Heck
- ⊞ Bequeme Sitzgruppen in Heck und Mitteldinette
- ⊞ Komplette Ausstattung mit hochwertigen Geräten
- ⊞ sehr guter Schlafkomfort
- ⊞ gute Gewichtsverteilung
- ⊟ Zuladung zu gering
- ⊟ laute Druckpumpe
- ⊟ Tisch der U-Sitzgruppe unhandlich

Technik-Kompass

Baureihe: Knaus Eurostar
Beispieltyp: 650 TK
Hersteller: Knaus-Tabbert Group
Chassis: Alko-Tandem-Schräglenkerachse, Stoßdämpfer, Schlingerdämpfer AKS 2000. Grundrissgestaltung: Großes Familienfahrzeug der Luxusklasse mit Stockbetten.
Grundrisse: Ähnlich Grundriss 7. Fast alle weiteren Grundrisse 2 bis 10 im Angebot.

Maße und Gewichte

Technisch zulässige Gesamtmasse kg: 2.500
Masse in fahrbereitem Zustand kg: 1.530
Abmessungen L x B x H mm: 8.750 x 2.470 x 2.540
Aufbaulänge mm: 7.040
Bettenmaße L x B mm: Bugbett 2.000 x 1.580, Heckbett aus Sitzgruppe 1.920 x 680, Bett aus Mitteldinette 2.000 x 1.370, 2 Etagenbetten 1.920 x 750

Auf- / Ausbau

Sitz- / Liegeplätze: 8 / 8
Kabinenbauweise: Sandwich mit Holzfachwerk, Alu-Glattblech
Isolierung Dach / Wand / Boden: Material Dicke in mm: Styropor / 31 / 31 / 43
Fenster Anzahl / Ausstellfenster: 9 / 9
Dachhauben: 3
Möbeldekor: Nussbaum
Sanitärraum: Lage / Ausstattung: Bug rechts / Thetford Cassetten-Toilette, offener Waschraum mit Waschbecken, separate Dusche, 1 Wandschrank, 1 Unterschrank, offene Ablagen, Spiegel

Bordtechnik

Heizung: Gasheizung Trumatic SL 5002 mit 230-V-Zusatzheizung Ultraheat und Umluftanlage, Gasboiler Truma Therme
Frisch- / Abwasser / Pumpe: 46 Citywasseranschluß / Rolltank 22 l/ Druckpumpe
Gasvorrat kg: 2 x 11
Bordstromversorgung / Netzgerät: Umformer 12 V / 120 W

Küchentechnik

Kocher: Gas / Edelstahl-Dreiflammenkocher, Dunstabzug
Spüle: Kombination mit Herd und Abtropffläche
Kühlschrank: System / Inhalt l / Gefrierfach l: Absorber Electrolux RM 4270 / 72 / 7

Preise

Grundpreis neu Euro / Baujahr: 21.275,- / 1999
Schwacke-Bewertung II/2006: EK brutto 5.600,- Euro, VK brutto 6.500,- Euro

Varianten

Insgesamt 29 unterschiedliche Grundrisse in Längen von 4.000 bis 8.012 mm

In der Luxusklasse spricht Tabbert mit den Modellen der Baronesse-Reihe traditionell die konservativen Käufer an. Der hier beschriebene Baronesse 655 MDW aus der Epoche um 1998 zeigt außen die bewährte Tabbert-Linie mit dem auffallenden, doppelten Dach und großen Dachrundungen vorne und hinten immer noch den üblichen, goldfarbigen Lack den klassischen Doppelstreifen an den Seitenwänden. Innen herrscht konservativer Möbelbau vor, Naturholz furnierte Möbel mit gefrästen Massivholzfronten harmonieren gut mit den Dekorationen in schlichten Blautönen und den passenden Polsterbezügen. Ganz im Stil der Zeit ist der Sanitärraum mit umlaufenden Kunststoffeinbauten und drehbarer Cassetten-Toilette. Die Küche mit großer Arbeitsplatte in der vorspringenden Rundung des Apotheker-Unterschranks, ausreichend Stauraum in Unter- und Hängeschränken, ein großer Kühlschrank und die serienmäßige Mikrowelle entsprechend dem Anspruch der Luxusklasse. Dieser Stil setzt sich im Schlafbereich fort, der Bug ist hier ausgefüllt von einer raumhohen Wohnwand mit Hängeschränken, offenen Fachbereichen und einem Spiegel über dem mittig zwischen den Einzelbetten angeordneten Nachtkästchen. Die Betten mit Federkernmatratzen auf Lattenrosten und Tagesdecke im Stoffdessin der Polster sind bequem und dank Mittelgang leicht zu erreichen. Der lange Wagen in Verbindung mit ebenfalls langer Deichsel und Al-Ko-Delta-Einzelachse hat bekannt gute Nachlaufeigenschaften, auf dien Doppelachse wurde zu Gunsten leichter Rangierbarkeit verzichtet.

Baureihe Tabbert Baronesse

Prunkvolles Gelsenkirchener Barock mit hoher Qualität: Der Innenraum der Baronesse-Serie.

- + Solider Aufbau in zeitlosem Design
- + Sehr gute Verarbeitung innen und außen mit Echtholzmöbeln
- + Komplette Ausstattung in guter Qualität
- + Üppige Platzverhältnisse durch große Innenbreite
- - relativ hohe Gebrauchtpreise, da lange Wertstabilität
- - Durch 250 cm Breite nicht gut geeignet für schmale Straßen, besonders Gebirgssträßchen

Technik-Kompass

Baureihe: Tabbert Baronesse
Beispieltyp: 566 MDW
Hersteller: Knaus-Tabbert Group
Chassis: Al-Ko-Tandemchassis mit Schräglenkerachse, gummigefedert mit Stoßdämpfern. Schlingerdämpfer AKS 2000, Aluräder
Grundrissgestaltung: Großer Luxuswagen mit Doppelbett quer im Bug, Mittelsitzgruppe und U-Sitzgruppe im Heck. .
Grundrisse: Ähnlich Grundriss 9. Fast alle weiteren Grundrisse 2 bis 10 im Angebot.

Maße und Gewichte

Technisch zulässige Gesamtmasse kg: 1.800, Masse in fahrbereitem Zustand kg: 1.500
Abmessungen L x B x H mm: 8.480 x 2.500 x 2.630
Aufbaulänge mm: 6.480
Bettenmaße L x B mm: Bugbett 2.200 x 1.600, Mitte 1.960 x 800, Heck 2.300 x 1.900

Auf- / Ausbau

Sitz- / Liegeplätze: 5 / 5
Kabinenbauweise: Sandwich mit Holzfachwerk, Alu glatt
Isolierung Dach / Wand / Boden: Material / Dicke in mm: Styropor 26 + Mineralwolle 34 / Styropor / 48
Fenster Anzahl / Ausstellfenster: 9 / 9
Dachhauben: 4
Möbeldekor: Kirsche Echtholz furniert / Massivholz
Sanitärraum: Lage / Ausstattung: vorne links / Duschwanne, drehbare Cassetten-Toilette Thetford C 200, Eckwaschbecken, Unterschränke, Spiegelschrank, offene Ablagen

Bordtechnik

Heizung: Truma S 5002, 12 V Warmluftgebläse mit Drehzahlautomatik
Frisch- / Abwasser / Pumpe: Tank 45 l + 10 l Nachfüllkanister / -Rolltank 22l / Tauchpumpe
Gasvorrat kg: 2 x 11
Bordstromversorgung / Netzgerät: 12 V 140 W Umformer, Bordnetz 12 V

Küchentechnik

Kocher: Gas / Emaille-Dreiflammenkocher mit Glasabdeckung, Mikrowellenherd
Spüle: Emaille- Spüle
Kühlschrank: System / Inhalt / Gefrierfach l: Absorber / 77 l / 7 l

Preise

Grundpreis neu Euro / Baujahr: 24.925,- / 1998
Schwacke-Bewertung II/2006: EK brutto 6.250,- Euro, VK brutto 7.250,- Euro

Varianten

Bis zu 26 Modelle in unterschiedlicher Länge von 5.600 bis 7.400 mm.

Caravans von Weippert zählen schon immer zum Segment der Luxuswagen. Das Traditionsunternehmen, das 2005 in Insolvenz ging, bediente jahrzehntelang erfolgreich mit Luxusfahrzeugen der XXL-Klasse besonders den Bereich von Schaustellern, Sinti und Roma. Der beschriebene 900 MF gehört mit seiner imposanten Gesamtlänge von über zehn Meter Größe zu den gerade noch trailerbaren Hängern. Zur Saison 1998 wie die gesamte Luxus-Baureihe innen und außen grundlegend modernisiert. Er setzte sich damit von der mehr barocken Oberklasse Spezial ab und zeigt behutsam moderne Stilelemente. Der konservative Stil ist trotzdem geblieben, dezente Korbbögen in den Füllungen der teils furnierten, teils mit gefrästem Massivholz gefertigten Möbelfronten und die traditionelle Verwendung von Nussbaumfurnier betonen diesen Trend. Auch außen wurde der Luxus dezent umgestaltet, erscheint jetzt mit klarem Weiß und dezentem Grau an den Schürzen. Ausstattung und Verarbeitung sind bei Weippert schon immer Oberklasse, die in eigener Schreinerei gefertigten Möbel von zeitlosem Flair. Der Sanitärraum ist nach der Modellpflege ganz in weißem Kunststoff und hat unzählige Stauräume und offene Ablagen. Die vielen offenen Fugen erschweren die Sauberhaltung, durch nachträgliches Verfugen kann hier der Pflegeaufwand minimiert werden.

Baureihe Weippert Isabella

Ballsaalgröße und Luxus wie in einer Villa: Der Innenraum des Weippert Isabella 900.

Gediegener Luxus und gute Verarbeitung zeichneten die Weippert-Caravans aus.

- + Nach Modellpflege 1998 solider Aufbau in zeitlosem Design
- + Sehr gute Verarbeitung innen und außen mit Echtholzmöbeln
- + Komplette Ausstattung in guter Qualität
- + Üppige Platzverhältnisse durch sehr große Innenbreite
- + Imposante Zuladung für einen Luxuswagen
- - Durch 250 cm Breite und die imposante Länge schwer trailerbar
- - Sanitärraum mit hohem Reinigungsaufwand durch offene Fugen
- - hoher Gebrauchtwagenpreis

Technik-Kompass

Baureihe: Weippert Isabella
Beispieltyp: 900 MF
Hersteller: Weippert Caravans GmbH
Chassis: BPW-Tandemachse mit Längslenkern, drehstabgefedert mit Stoßdämpfern, Schlingerdämpfer Winterhoff WS-3000
Grundrissgestaltung: Großzügige Raumaufteilung mit französischem Doppelbett quer im Bug und U-Sitzgruppe im Heck. .
Grundrisse: Ähnlich Grundriss 10. Fast alle weiteren Grundrisse 2 bis 10 im Angebot.

Maße und Gewichte

Technisch zulässige Gesamtmasse kg: 2.600
Masse in fahrbereitem Zustand kg: 2.050
Abmessungen L x B x H mm: 10.870 x 2.500 x 2.600
Aufbaulänge mm: 8.930
Bettenmaße L x B mm: Bug 2.230 x 1.580, Heck 2.250 x 1.840

Auf- / Ausbau

Sitz- / Liegeplätze: 7 / 4
Kabinenbauweise: Sandwich mit Holzfachwerk, Hammerschlag
Isolierung Dach / Wand / Boden: Material Dicke in mm: Styropor 30 / 30 / 40
Fenster Anzahl / Ausstellfenster: 6 / 6
Dachhauben: 4
Möbeldekor: Pfaffenberger Mollebusch furniert / Vollholz
Sanitärraum: Lage / Ausstattung: Mitte links / separate Dusche, Sealand-Zerhackertoilette, Waschbecken mit Unterschrank, Spiegelschrank, offene Ablagen

Bordtechnik

Heizung: Truma S 5002, Warmluftgebläse 230 V, Durchlauferhitzer 380 V für Warmwasser
Frisch- / Abwasser / Pumpe: Citywasserabschluß / 45 l / 22 l Rolltank / Druckpumpe
Gasvorrat kg: 2 x 11
Bordstromversorgung / Netzgerät: 12 V Umformer

Küchentechnik

Kocher: Ceran-Elektrokochfeld, Spüle und Abtropffläche, Backofen, Dunstabzug
Kühlschrank: System / Inhalt / Gefrierfach l: Absorber / 135 / 17

Preise

Grundpreis neu Euro / Baujahr: 40.341,- / 1998
Schwacke-Bewertung II/2006: EK brutto 8.700,- Euro, VK brutto 10.100,- Euro

Varianten

3 weitere Modelle 900 BF, KS und DS.

Hersteller Adressen

Adria Caravan Deutschland	Boschring 10	D- 63329 Egelsbach	Tel. 06103/400520, Fax 40059	www.adria-deutschland.com	Caravans, Slowenien
Airstream Deutschland/Hymer	Holzstraße 19	D- 88339 Bad Waldsee	Tel. 0724/9990, Fax 99920	www.hymer.com.de	Caravans, USA
Bimobil	Aich 15	D- 85667 Oberpframmern	Tel. 08106/29888, Fax 29880	www.bimobil.com	Caravans
Bürstner GmbH	Weststraße 33	D- 77694 Kehl	Tel. 07851/850, Fax 85201	www.buerstner.com	Caravans
Cabby Deutschland	Rauchstraße 2	D- 88316 Isny/Allgäu	Tel. 07562/97170, Fax 971740	www.cabby.se	Caravans, Schweden
Camp-let Faltanhänger / Gutbier GmbH	Industriestraße 31	D- 25813 Husum	Tel. 04841/96090, Fax 960999	www.wohnwagen-gutbier.de	Falt-Caravans, Frankreich
Caravanas Moncayo Deutschland	Industriestraße 4a	D- 56581 Kurtscheid	Tel. 02634/2990, Fax 921246	www.moncayointernacional.com	Caravans, Spanien
Cristall Freizeitfahrzeuge GmbH	Leutkircher Sraße18	D- 88316 Isny/Allgäu	Tel. 07562/97170, Fax 971740	www.cristall.de	Caravans
Delta / Home-Car / Caravan-Büro	Fahrländerstraße 19 A	D- 14612 Falkensee	Tel. 03322/230091, Fax 230093	www.caravan-buero.de	Caravans, Niederlande
Dethleffs GmbH	Arist-Dethleffs-Weg 12	D- 88316 Isny/Allgäu	Tel. 07562/9870, Fax 987101	www.dethleffs.de	Caravans
Eifelland	H.- Knaus Straße 1	D- 94118 Jandelsbrunn	Tel. 08583/211, Fax 2145	www.eifelland.de	Caravans
Fendt-Caravan GmbH	Gewerbepark Ost 26	D- 86690 Mertingen	Tel. 09078/96880, Fax 9688406	www.fendt-caravan.de	Caravans
Hobby Wohnwagenwerk	Harald-Striewski-Straße 1	D- 24787 Fockbek	Tel. 04331/6060, Fax 606400	www.hobby-caravan.de	Caravans
Hymer AG / Eriba	Holzstraße 19	D- 88339 Bad Waldsee	Tel. 07524/9990, Fax 999220	www.hymer.com	Caravans
Kabe Deutschland	Burger Landstraße 4a	D- 29227 Celle	Tel. 05141/98840, Fax 988484	www.wohnwagen-stumpf.de	Caravans Schweden
Knaus Caravan GmbH	Helmut-Knaus-Straße 1	D- 94118 Jandelsbrunn	Tel. 08583/2110, Fax 2145	www.knaus.de	Caravans
LMC Caravan GmbH	R.- Diesel Straße 4	D- 48336 Sassenberg	Tel. 02583/270, Fax 27138	www.lmc-caravan.de	Caravans
Polar Deutschland / Nordstar GmbH	Sattlerweg 4	D- 51789 Lindlar	Tel. 02266/470140, Fax 470142	www.nordstar.de	Caravans, Schweden
Silver (Trigano) W.+K. Gandel GmbH	Esmarchstraße 23	D- 80999 München	Tel. 089/8122917, Fax 089/8131405	www.caravan-gandl.de	Caravans, Frankreich
SK-Camping Gmbh / Trigano Faltanhänger	Robert-Koch Straße 6	D- 56751 Polch	Tel. 02654/950950, Fax 9509511	www.skcamping.de	Frankreich
Sterckemann / Koch Vertriebs GmbH	Steinbrückstraße 15	D- 25524 Itzehoe	Tel. 04821/68050, Fax 880521	www.koch-freizeit-fahrzeuge.de	Caravans, Frankreich
Tabbert Caravan GmbH	Sandweg 1	D- 36391 Sinntal-Mottgers	Tel. 06664/890, Fax 6198	www.tabbert.de	Caravans
TEC Caravan GmbH	R.- Dieselstraße 4	D- 48336 Sassenberg	Tel. 02583/93060, Fax 930699	www.tec-caravan.com	Caravans
Trigano Deutschland	Katzheide 2a	D- 48231 Warendorf	Tel. 02581/9271830, Fax 9271859	www.trigano.fr	Caravans, Frankreich
Weippert Vertrieb GmbH	Am Hasselsweg 1	D- 47647 Kerkern	Tel. 02833/580, Fax 5850	www.weippert-wohnwagen.de	Carvavans
Wilk Caravan GmbH	Sandweg 1	D- 36391 Sinntal-Mottgers	Tel. 06664/890, Fax 6198	www.wilk.com	Caravans

Zubehör Adressen

Alde Deutschland GmbH	Mühläckerstraße 11	D- 97520 Röthlein	Tel. 09723/91160, Fax 911666	www.alde-deutschland.de	Warmwasserheizungen
Alko GmbH	Ichenhauser Straße 14	D- 89359 Kötz	Tel. 08221/971, Fax 97390	www.al-ko.de	Chassis, Zubehör
Alu-Line GmbH	Martin-Staudtstraße 25	D- 88348 Bad Saulgau	Tel. 07581/488413, Fax 488420	www.alu-line.de	Fahrradträger, Trägersysteme
Ardelt Elektronik	Dieselweg 1	D- 48493 Wettringen	Tel. 02557/7037, Fax 7113	www.ardelt.de	Kühlung, Elektrik
Barwig Wasserversorgung	An der Fliede	D- 34385 Bad Karlshafen	Tel. 05672/2310, Fax 1401		Wasser-Armaturen
BL-Trading / LEAS	Auf dem Brand 10	D- 50996 Köln	Tel. 0221/391980, Fax 396390	www.bl-trading.de	Leas-Schlingerdämpfer
Brink BV Deutschland	Hollandstraße 9	D- 44309 Dortmund	Tel. 0231/7225031, Fax 7225041	www.brink.de	Anhängerkupplungen
Calira Apparatebau	Lerchenfeldstraße 9	D- 87586 Kaufbeuren	Tel. 08341/97460, Fax 67806	www.calira.de	Elektro- Kontrollsysteme
Caravanspiegel Opgenroth GmbH	Eichendorffstraße 1	D- 47495 Rheinberg	Tel. 02843/990042, Fax 990043		Oppi-Caravanspiegel
Comet-Pumpen	Industriestraße	D- 37308 Pfaffschwende	Tel. 036082/4360, Fax 43634	www.comet-pumpen.de	Wasser-Armaturen
Dometic-Electrolux GmbH	In der Steinwiese 16	D- 57010 Siegen	Tel. 0271/692-0, Fax 692302	www.dometic.com	Kühlschränke, Klimaanlagen

dwt Zelte	Harzweg 11	D- 34225 Baunatal	Tel. 0561/948770, Fax 9487722	www.dwt-zelte.com	Vorzelte
Elgena Heiwassergeräte	Postfach 700540	D- 81305 München	Tel. 089/774717, Fax 7251092	www.elgena.de	Heißwasserbereiter
Exide Sonnenschein GmbH	Thiergarten	D- 63654 Büdingen	Tel. 06042/810 , Fax 81538201	www.exide.com	Bord- Start-Akkus
Fritz Berger GmbH	F.-Berger Straße 1	D- 92381 Neumarkt/Opf.	Tel. 09181/330, Fax 330159	www.fritz-berger.de	Caravan-Zubehör, Zelte
Fiamma S.P.A.	S. Rocco 56	I- 211010 Cardano al Campo	Tel. 0039033170911, Fax 0331263777	www.fiamma.com	Caravan-Zubehör
Froli Kunststoffwerke	Liemker Straße 27	D- 33758 Schloß Holte-Stutenbrock	Tel. 05207/95000, Fax 950061	www.froli.com	Bettsysteme, Kunststoffteile
GOK Regler und Armaturengesellschaft	Obernbreiter Straße 2-16	D- 97505 Marktbreit	Tel. 09332/4040, Fax 40449	www.gok-online.de	Gastanks- Armaturen
Goldschmitt Techmobil AG	Dornberger Straße 6-10	D- 74746 Höpfingen	Tel. 06283/22290, Fax 225699	www.goldschmitt.de	Fahrzeugtechnik, Federn, Zubehör
GUG Gastanks	Von-Braun-Straße 21	D- 48683 Ahaus	Tel. 02561/97132, Fax 971324	www.gug-ahaus.de	Gastanks- Geräte
Herzog Zelte GmbH	Max-Eyth-Straße 8	D- 74366 Kirchheim	Tel. 07143/89440, Fax 92950	www.herzog-freizeit.de	Vorzelte, Outdoor-Bedarf
InterCaravaning GmbH	Kurfürstenstraße 37	D- 56068 Koblenz	Tel. 0261/1005454, Fax 1005455	www.intercaravaning.de	Caravan-Zubehör
Isabella Vorzelte Deutschland GmbH	Max-Planck-Straße 4	D- 34253 Lohfelden	Tel. 0561/512033, Fax 512036	www.isabella-vorzelte.de	Vorzelte
Kathrein Antennen	Postfach 865	D- 82533 Geretsried	Tel. 08171/31732, Fax 3022	www.shapeg.de	Sat-Anlagen, Antennen
Keddo Biochemische Produkte	Innungstraße 45	D- 50354 Hürth-Gleuel	Tel. 02233/36155, Fax 36560	www.dr.keddo.de	Reinigungsmittel
Kuhn's Auto Technik	Gewerbegebiet Ürziger Mühle	D- 54492 Zeltingen-Rachtig	Tel. 06532/1006, Fax 1229	www.kuhn-autotechnik.de	Fahrzeugtechnik, Federn
Lilie GmbH Mobiltechnik	Max-Eyth-Straße 6	D- 74354 Besigheim	Tel. 07143/96230, Fax 962323	www.lilie.com	Zubehör
Linnepe GmbH	Oelkinghauserstraße 6-8	D- 58286 Ennepetal	Tel. 02333/98590, Fax 985930	www.a-linnepe.de	Fahrzeugtechnik, Zubehör
Maiers Bettwarenfabrik OHG	Reuteweg 1	D- 73087 Bad Boll	Tel. 07164/902390, Fax -902392	www.traum-fabrik.de	Matratzen, Bettroste, Sonderanfertigung
Maxview Vertriebs GmbH	Augsburger Straße 11	D- 82291 Mammendorf	Tel. 08145/8840, Fax 8845	www.maxview.de	Sat-Anlagen, Zubehör
Omnistore Accecoires N.V.	Kortrijkstraat 343	B- 8930 Menen	Tel. 0032/56528899, Fax 56510205	www.omnistor.com	Markisen, Trittstufen
Oris Fahrzeugteile Hans Riehle GmbH	Im Bornrain 2	D- 71696 Möglingen	Tel. 07141/2490, Fax 249180	www.oris-gmbh.de	Anhängerkupplungen
Paroli Electronic	Am Tamburinsee	D- 68647 Biblis	Tel. 06245/3040, Fax 99940	www.paroli-electronic.de	Elektro-Heizfolien
Pieper & Co Zubehör	Sandstraße 14	D- 45964 Gladbeck	Tel. 02043/69937, Fax 66961	www.pieper-freizeit.de	Caravan-Zubehör
PowrWheel Deutschland GmbH	Alfred-Zingler Straße 7-9	D- 45881 Gelsenkirchen	Tel. 0209/81182600, Fax 8182887	www.powrwheel.de	Rangierhilfe
Reimo GmbH	Boschring 10	D- 63329 Egelsbach	Tel. 06103/40052, Fax 400527	www.reimo.de	Caravan-Zubehör
Reisch Freizeit GmbH	Mühläckerstraße 11	D- 97520 Röthlein	Tel. 09723/91160, Fax 911666	www.r-freizeit-reisch.de	Caravan-Zubehör, Entsorgung
Reisemobil Versicherungsdienst Ritze	Lindenweg 7	D- 16727 Schwante	Tel. 033055/9850, Fax 70693	www.horbach-reisemobil.de	Caravan-Versicherungen
Remis GmbH	Mathias-Brüggen-Str. 67-69	D- 50829 Köln	Tel. 0221/9565000, Fax 95650048	www.remis.de	Dachhauben, Rollos, Fenster
RK Reich GmbH	Ahornweg 37	D- 35713 Eschenburg	Tel. 02774/93050, Fax 930590	www.reich-web.com	Wassertechnik- Armaturen, Zubehör
RUD-Kettenfabrik GmbH & Co	Friedensinsel	D- 73428 Aalen	Tel. 07361/504499, Fax 504450	www.rud.de	Schneeketten
Sawiko Fahrzeugzubehör GmbH	Gewerbegebiet A1	D- 49434 Neuenkirchen-Vörden	Tel. 05493/99220, Fax 992222	www.sawiko.de	Caravan-Zubehör
Dometic-Seitz GmbH	Altkrautheimer Straße 28	D- 74238 Krautheim	Tel. 07148/9070, Fax 90740	www.dometic.com	Fenster, Dachhauben
SMV-Metall GmbH	Bruchheide 8	D- 49163 Bohmte	Tel. 05471/95830, Fax 958320	www.smvmetall.de	Zubehör, Lastträger, Federn
SOG Entlüftungssysteme	In der Mark 2	D- 56332 Löf	Tel. 02605/952762, Fax 952763	www.sog.-dahmann.de	Entlüftungssysteme
Solara AG	Behringstraße 16	D- 22765 Hamburg	Tel. 040/ 3910650, Fax 39105699	www.solara.de	Solartechnik, Zubehör
Sportscraft Fahrzeugtechnik	Baumbachstraße 5R	D- 81245 München	Tel. 089/8572059, Fax 8575412	www.sportscraft.de	Fahrzeugsitze- bänke, Zubehör
Steinkamp Werkzeug- und Formenbau	In der Tütenbeke 14	D- 32339 Espelkamp	Tel. 05772/911111, Fax 911161	www.steinkamp-molding.com	Diebstahlsicherung
Stengel Lichttechnik GmbH	Martin Schleyer Straße 25	D- 47877 Willich-Schiefbahn	Tel. 02154/91157, Fax 911573	www.stengel.de	Lichttechnik
Sunset Energietechnik GmbH	Industriestraße 8-22	D- 91325 Adelsdorf	Tel. 09195/94940, Fax 949429	www.sunset-solar.de	Solartechnik, Zubehör
Teleco GmbH	F.-J. Strauß Straße 41	D- 82041 Deisenhofen	Tel. 0831/98939, Fax 98949	www.telecogroup.com	Klimaanlagen, Sat-Anlagen, Generatoren
Ten Haaft GmbH	Frankstraße 11	D- 75172 Pforzheim	Tel. 07231/35102, Fax 351029	www.ten.haaft.de	Sat-Anlagen, Zubehör
Thetford GmbH	Schallbruch 14	D- 42781 Haan	Tel. 02129/94250, Fax 942525	www.thetford.com	Toiletten, Kühlschränke, Zubehör
Thule GmbH & Co KG	Dreichlingerstraße 10	D- 92381 Neumarkt/Opf.	Tel. 09181/901170, Fax 901171	www.thule.com	Dachboxen
Truma Gerätetechnik GmbH	W.-von Braun Straße 12	D- 85637 Putzbrunn	Tel. 089/4617-0, Fax 4617116	www.truma.de	Heizungstechnik, Klimaanlagen, Mover
Waeco GmbH	Sinninger Straße 36	D- 48282 Emsdetten	Tel. 02572/879-0, Fax 879390	www.waeco.com	Zubehör, Kühlung, Klimaanlagen
Wigo-Zelte OHG	Industriestr. 35-37	D- 37235 Hess. Lichtenau	Tel. 05602/917380, Fax 9173836	www.wigo-zelte.de	Vorzelte
Winterhoff	Egenstraße 2	D- 58339 Breckerfeld	Tel. 022338/91590, Fax 1466	www.winterhoff.de	Zugkupplung, Anhängezubehör
Wohnwolke Caravan und Stoffe GmbH	Ritterstraße 10	D- 42899 Remscheid	Tel. 02191/955926, Fax. 955917	www.wohnwolke.de	Stoffe, Schaumstoffe, Bezüge,Matratzen
Wowamat Kintrup	Am Haselhof 96	D- 48163 Münster	Tel. 02536/6315, Fax 341777	www.wowamat.de	Stützradantrieb
Wynen Gas GmbH	Freiheitsstraße 242	D- 41747 Viersen	Tel. 02162/35669, Fax 14040	www. Wynen-gas.de	Gastanks, Zubehör

Wichtige Freizeitmessen in Deutschland

Messe	Ort
Reise, Freizeit, Caravan	Cottbus
CMT	Stuttgart
boot	Düsseldorf
C & T	Frankfurt /
Freizeit + Reisen	Oldenburg
ABF	Hannover
Reisen & Freizeit	Halle/Saale
Freizeit Berlin	Berlin
Reisen Hamburg	Hamburg
C-B-R	München
Freizeit, Garten, Touristik	Nürnberg
Freizeit	Bremen
Auto	Rostock
ITB	Berlin
Camping und Freizeit	Freiburg
Reise & Camping	Essen
AMI	Leizig
Camping, Reise, Freizeit	Bexbach
Caravan Salon	Düsseldorf

Adressen wichtige Messeplätze Deutschland

Messe Essen GmbH,Postfach 10165,D-45001 Essen,
Tel. 0201/71440, Fax 7244249,www.messe-essen.de

Messe Frankfurt GmbH,Ludwig-Erhard-Anlage 1,D-60062 Frankfurt/Main,
Tel. 069/75750, Fax 7575-6433,www.messe-frankfurt.com

Messe München GmbH,Messegelände-Riem,D-81823 München,
Tel. 089/94901, Fax 94909,www.messe-muenchen.de

Messe- und Ausstellungs-Gesellschaft mbH Köln,Messeplatz 1,D-50532 Köln,
Tel. 02211/8 210, Fax 8212574,www.koelnmesse.de

Leipziger Messe GmbH,Messeallee 1,D-04007 Leipzig,
Tel 0341/6780, Fax. 6788762,www.leipziger-messe de.

Messe Berlin GmbH,Messedamm 22,D-14055 Berlin,
Tel. 030/3038-0, Fax 30382325,www.messe-berlin.de

Messe Düsseldorf GmbH,Stockumer Kirchstraße 61,D-41001 Düsseldorf,
Tel. 0211/456001, Fax 4560668,www.messe-duesseldorf.de

Stuttgarter Messe- und Kongressgesellschaft mbH,Am Kochenhof 16, D-70192 Stuttgart, Tel. 0711/2589-0, Fax 2589-440,www.messe-stuttgart.de

Verbände und Organisationen

ADAC, Allgemeiner Deutscher Automobil-Club e.V.,
Am Westpark 8, D-81373 München, Tel. 089/76760,
Fax 76762500, www.adac.de
Grösster Deutscher Automobil-Club in Deutschland, Herausgeber des ADAC-Campingführer und divere Schriftreihen (CAM) zu Reisen mit dem Mobil.

Bundesverband der Campingwirtschaft
in Deutschland e.V. (BVCD)
Geschäftsführerin: Sonja Glasmeyer
Kaiserin-Augusta-Allee 86
D-10589 Berlin
Tel. 030/33778320, Fax 33 77 83 21
Email:info@bvcd.de, www.bvcd.de
Dachverband der Campingplatz- und Freizeitparkunternehmer.

CIVD Caravaning Industrie Verband Deutschland e.V., Königsberger Straße 27 26, D-66487 Frankfurt/Mainl,Ralph Binder,
Tel. 06192/971200, Fax 971223, www.civd.de
Der CIVD vertritt deutsche und internationale Reisemobil- und Caravan-Hersteller, Importeure, Zubehörfirmen und Zulieferer als Industrie-Interessenverband. Der VDWH vertritt seine Mitglieder gegenüber Dritten, Behörden und Ministerien.

DCC, Deutscher Camping-Club e.V., Viktoria Groß, Mandlstraße 28, D-80802 München, Tel. 089/3801420, Fax 334737.
www.camping-club.de
Der DCC ist in Landesverbänden organisiert und betreut Camper, Caravaner und Reisemobilfahrer. Er kümmert sich als Verbraucher-Lobby um alle Belange rund um das Campingwesen und gibt einen Europa-Campingführer heraus.

DCHV, Deutscher Caravan Handels-Verband e.V.,
Holderäckerstraße 13, D-70499 Stuttgart, Oliver Waidelich,
Tel. 0711/8873928, Fax 8874967, www.dchv.de
Der DCHV versteht sich als Fachverband für Caravan-Fachhändler, Vermieter, Campingplatz-Unternehmer und Servicebetriebe.

Dekra AG., Handwerkstraße 15, D-70565 Stuttgart,
Tel. 0711/78610, Fax 78612240, www.dekra.de
Die Dekra ist unter anderem eine KFZ-Prüforganisation und berät auch bei technischen Belangen rund um Caravan und Reisemobil.

VdTÜV, Verband der Technischen Überwachungsvereine e.V.
Kurfürstenstraße 56, D-45038 Essen, Tel. 0201/89870,
Fax 8987120, www.vdtuev.de
Dachverband der TÜV-Organisationen.